文化中国书系
中国社会科学院中国文化研究中心

总主编◎王立胜 李河

中亚2027
变化中的战略图景 未来十年的情境预测

祖春明◎编　林立轩◎译

中国书籍出版社
CHINA BOOK PRESS

图书在版编目（CIP）数据

中亚2027：变化中的战略图景 未来十年的情境预测 / 祖春明编；林立轩译. -- 北京：中国书籍出版社，2020.11
（中国社会科学院中国文化研究中心·文化中国书系/王立胜，李河总主编）
ISBN 978-7-5068-8101-2

Ⅰ.①中… Ⅱ.①祖… ②林… Ⅲ.①社会发展—研究—中亚 Ⅳ.①D736.069

中国版本图书馆CIP数据核字(2020)第225159号

中亚2027：变化中的战略图景 未来十年的情境预测
祖春明 编 林立轩 译

责任编辑	王　淼
项目统筹	惠　鸣　孙茹茹
责任印制	孙马飞　马　芝
封面设计	程　跃
出版发行	中国书籍出版社
地　　址	北京市丰台区三路居路97号（邮编：100073）
电　　话	（010）52257143（总编室）　（010）52257140（发行部）
电子邮箱	eo@chinabp.com.cn
经　　销	全国新华书店
印　　刷	三河市顺兴印务有限公司
开　　本	787毫米×1092毫米　1/16
字　　数	150千字
印　　张	10
版　　次	2020年11月第1版　2020年11月第1次印刷
书　　号	ISBN 978-7-5068-8101-2
定　　价	34.00元

版权所有　翻印必究

文化中国书系编委会

（以姓氏笔画为序）

王　平　王立胜　牛　超　刘向鸿　刘建华
李　河　吴尚民　张晓明　章建刚　惠　鸣

编者序：
预判中亚未来十年发展前景的不同视角

祖春明

中亚地区无疑对我国地缘政治战略至关重要。自 19 世纪开始，这片区域一直被视为大国博弈的"棋盘"。苏联解体之后，这种对其发展态势进行预测的视角或方法仍占主流。因其重要的地缘位置和丰富的自然资源，中亚始终是全球和区域性大国之间逐鹿的主战场之一。

参与"逐鹿"的大国纷纷抛出各种地区性合作机制，其中包括俄罗斯主导的欧亚经济联盟、欧洲主导的"东部伙伴关系计划"、美国主导的"C5+1"机制、北约推出的"和平伙伴关系计划"，也包括我国提出的"一带一路"倡议。但这本预测报告却在提示我们，近些年来，中亚地区的能动性逐渐凸显，这种外部视角对于预判中亚地区的未来发展趋势已经显现出相当的局限性。

一、报告的主要内容

2019 年，中国社会科学院中国文化研究中心代表团访问哈萨克斯坦共和国中国研究中心。该中心创始人、现任哈国外交部国际信息委员会主席季姆尔·沙伊梅勒肯诺夫向中方代表团推荐该报告（俄文版）。

这份报告是由该中心组织中亚其他四国的研究人员共同编撰，旨在为中亚各国政府应对未来十年可能出现的国内国际形势提供政策咨询，因此，在一定程度上具有智库报告的性质。

该报告的分析视角不同于主流的外部视角，而是明确地提出未来十年中亚的发展趋势在相当程度上取决于各国内部因素，具体而言是领导权的代际交替和经济增长模式的转型。

因此，该报告将政治自由化与经济增长作为确定中亚未来十年发展前景的两轴。在政治自由化的横轴上，中亚五国均处于领导权代际交替的关键期，它所面临的政治选项包括：继续推行世俗化和民主化 VS 投向政教合一体制 VS 保持目前的政治体制等。在经济增长模式转型的纵轴上，中亚地区亟须解决的问题是如何摆脱对原材料出口的过分依赖，改变单一的经济结构，实现经济增长模式的成功转型。

当中亚地区把政治自由化和经济增长的积极变化组合在一起，并在区域内成功建立起政治协商和对话机制时，中亚可能迎来黄金时代 2.0[①]。当中亚地区把政治自由化和经济增长转型的最

---

① 黄金时代 2.0 是该报告中提及的第一种情景。公元 800—1200 年间，中亚地区曾经历过一段辉煌的"黄金时代"，当时中亚的经贸发达，更在艺术、

消极变化组合在一起,同时区域内各国发展差异继续扩大而分崩离析时,中亚的未来可能重新回到黑暗的"新中世纪"①。

当各种地区性合作机制把中亚越来越深入地卷入到全球化进程之中时,它的发展走向不仅会在相邻区域引发"连锁反应",甚至在相当程度上决定着未来的世界图景。

二、"后苏联"概念已不再适用于描述中亚地区的现状

"9·11"事件之后,中亚地缘政治出现新变数:美国借助"反恐"进入中亚,加紧在政治、经济、文化等领域的全方位渗透,欲通过"民主改造"使中亚逐步"脱俄",以便掌控中亚地缘政治和油气资源主导权,挤压俄战略空间。

除了西方加紧对中亚地区的全方位渗透之外,中亚自身的代际交替和社会精英偏好也在一定程度上决定了"后苏联"概念正迅速退出中亚的历史舞台。首先,在苏联解体之后的三十年之中,中亚地区已经完成了一次代际交替。该报告指出,中亚地区超过

天文、数学、地质、医学等多个领域领先于当时的时代,甚至对西方文明产生了深刻的影响。

① "新中世纪"是该报告中提及的第三种预测情景。这是与黄金时代2.0的积极组合完全相对的消极组合。在这种预测情景中,中亚地区可能由于各国发展差异的继续扩大而分崩离析,甚至部分国家放弃世俗化方针,彻底投入伊斯兰世界,成为滋生宗教狂热主义和激进主义的发源地。

一半的人口年龄在30岁以下，这就意味着这个新生代人群对苏联已无直接的历史记忆，更遑论历史认同。相反，这代人生活在中亚各国国族自我意识的建构时期，民族国家的概念早已取代了之前的"苏联"概念。

其次，中亚地区新生代精英领导层正在迅速崛起，而这些精英主要在欧美等西方国家完成高等教育。近年来，中亚地区领导层年轻化的趋势日益明显。这批年轻的精英阶层在哈萨克斯坦被称为"博拉沙克人"。这个称谓源于哈国前总统纳扎尔巴耶夫于1994年创立的总统教育奖学金项目。通过该项目，至今已有1.2万哈国的青年人在海外接受了教育，主要是英国、加拿大、美国、德国和法国等西方国家。由此可见，随着新生代在中亚的崛起，特别是那些在西方国家接受教育的精英阶层的崛起，与"苏联"相关的各种概念正迅速退出历史的舞台。

三、中亚地区的自我意识正在逐渐觉醒，"棋盘"的能动性不断增强

该报告首次采用了知识集成的研究方式，是所有中亚国家集体参与的成果，这一点极具象征意义。这在一定程度上表明，中亚区域的自我意识正在逐渐觉醒，且日益聚焦于中亚国家内部的社会发展进程。进一步来说，近年来，中亚所采取的多方平衡外

交策略已经在一定程度上表现出"棋盘"的能动性来。

其一,中亚地区将保证自身政权安全视为选择各种地区性合作机制的首要原则。中亚各国加入各种地区性合作机制主要是为了促进本国的经济增长、增加投资、改善基础设施,但其前提是绝不让渡自己国家的主权。苏联解体近30年来,原苏联加盟共和国的首要目标是确定政权的合法性和打造统一的民族国家,因此,中亚各国既要警惕西方策划的各种"颜色革命"(特别是当乌克兰、格鲁吉亚、吉尔吉斯斯坦相继发生颜色革命之后),同时也要谨慎对待乌克兰危机之后俄罗斯对"欧亚经济联盟"的调整方向是否会触碰到中亚各国的主权。

第二,中亚地区并行着"一体化进程"和"逆一体化进程"。

中亚地区一体化议程早在苏联解体之初即被提出,但由于中亚各国之间始终存在族群矛盾、划定疆界、争夺水资源和发展不平衡等诸多问题,这一议程始终没有取得实质性进展。2016年米尔济约耶夫当选为乌兹别克斯坦总统之后略有推动,分别于2018年3月和2019年11月举行了两次国家元首峰会,对推动中亚地区一体化发挥了一定作用。

该报告虽未明确提出推动"中亚地区一体化"的具体措施,但却不断强调加强中亚地区一体化的必要性。按照该报告的观点,在面对众多强大的外部地缘政治力量时,中亚地区需要形成内部的政治对话机制和统一的平衡外交策略,以避免因归入不同的"阵营"而被进一步撕裂的危险。

但如上所述，中亚各国在推动一体化问题上始终把保证本国政权的安全作为首要原则，加之上文提到的地区一体化存在的传统问题，中亚地区一体化进程与逆一体化进程始终如影随形，互相牵制。

总之，该报告提示我们，中亚地区的自我意识正在逐渐觉醒，它已经不甘于继续充当大国博弈的"棋盘"角色，甚至可能利用自己独特的地缘和资源优势针对"大玩家"进行筹划。这点值得我们高度关注，这也是我们译介本报告的主要目的。

（此处开始为原文）传统而言，学者主要是从所谓"大国博弈"的视角（俄罗斯、美国、中国以及其他影响力较小但很活跃的外部力量所推行的政策、战略的影响和矛盾）来研究中亚。毫无疑问，来自外部的影响很重要。但与此同时，我们常常忽略一点，那就是在25年的主权发展过程中，中亚国家正在步入一个关键的内部变革阶段。

未来的十年，在很大程度上是决定中亚地区是否能够长期发展的关键十年。因为，今天所呈现出的内部趋势，将改变该地区的社会、政治和经济形态。从人口和代际两方面而言，"后苏联中亚"这一术语已经变得不那么重要了。一个全新的历史转折点即将到来。

该研究报告首次采用了知识集成的研究方法，是所有中亚国家（哈萨克斯坦、吉尔吉斯斯坦、塔吉克斯坦、土库曼斯坦和乌兹别克斯坦）集体参与的成果。在报告中，作者对该地区未来十年的发展状况进行了情景模拟，并尝试着共同探求极富前景的区域发展方向。情景模拟法是该项目的基本研究方法，有助于决策者面对失控等重大变化时作出抉择。情景预设旨在帮助决策者把握新机遇，积极应对未来的潜在风险。

© 哈萨克斯坦共和国首任总统图书馆分析中心 Елбасы

©2017 中国研究中心

©2017 弗里德里希·艾伯特基金会

目录

编者序：预判中亚未来十年发展前景的不同视角 / 1

研究方法 / 1

引言 / 3

中亚当前形势 / 14

塑造未来的关键趋势 / 34

区域发展的情景预设 / 81

结论：未来会发生什么？ / 101

致谢 / 117

参考文献 / 121

专家访谈调查问卷 / 131

研究方法

未来是不可预测的。线性预测通常收效甚微。在该书中，我们采用了情景模拟方法。情景模拟是预测未来的工具，用于中长期的战略分析和规划。情景预设是要在分析现实趋势基础上勾勒出一条主线，描述世界在一定时期之后的面貌。

然而，情景预设的本质不是预测，而是对未来各种可能出现的方案的理性呈现。在实践中，情景预设更宽泛地理解了一点：我们所熟知的现实世界是如何随着各种积极、消极后果的出现而发生变化的。

情景预设不提供任何方案，制定方案不是情景预设的最终目的。情景预设能够激发想象力，提供一个可以寻找新方法和新方向的智慧基础。情景预设有助于在未来可能发生的事件和过程中，制定和采取更专业的审慎决策。

如果某种趋势变得愈加明朗或愈加微弱，或者发生了某类事件，情景预设就会提供给我们一种探索世界如何变化的可能性。通常情况下，我们会设定出几种情景预设（2~5种）。根据未来出现的不同趋势和发生的不同事件，情景预设会提供各种不同的可能性方案。

随之，这些未来的模型会用于校验或测试一整套方案和战略。我们从总体上可以得出一个结论：最好是，在不同的情景预设中制定不同的方案。情景预设也可以用于刺激新政策的制定，或作为战略意图的基础。

情景预设也是用于识别"早期预警"标记的实用性工具。预设广泛用于各个领域的风险管理和战略规划。情景模拟法使我们能够识别出那些在某些条件下可能转变为机遇或风险的挑战。了解这一点，便可以备战并作出预警。

每时每刻，都存在着无数个可能出现的未来情景。情景规划并不是要预测出哪些预设情景会发生，而是通过形式化的流程，给出一定数量的未来可能发生的情况，并在评估当前战略或制定未来行动新政策的过程中，提供宝贵的指南。[①]

[①] George Morrison Cairns, George Wright, *Scenario Thinking: Practical Approaches to the Future*, London: Palgrave Macmillan UK, 2011, p192.

引言

当今，有一点是显而易见的：中亚从世界政治的阴影中渐渐走了出来，成为在中国、俄罗斯、美国、欧洲、土耳其和印度等大多数权威平台上备受关注的热门话题。2016年初，美国著名学者弗朗西斯·福山指出，中亚很快将不再是全球经济的边缘，它将转而成为其中心。福山注意到，作为这一过程的根本动力，中国的影响越来越偏向于欧亚大陆。①

如果考虑到中国多次试图振兴当代丝绸之路的话（尽管振兴当代丝绸之路存在各种困难和疑问，但它还是成功了），在一定程度上我们可以同意福山的预测。这反过来又刺激了全球力量和区域力量，他们更加积极地渗入进中亚这块狭小的地域空间。②

---

① Fukuyama: Francis. Exporting the Chinese Model, 2016. https://www.project-syndicate.org/onpoint/china-one-belt-one-road-strategyby-francis-fukuyama-2016-01?barrier=true.

② 近年来，俄罗斯（关税同盟/欧亚经济联盟，2011年）、印度（连通中亚，2012年）、中国（丝绸之路经济带，2013年）、美国（C5+1区域对话，2015年）、欧盟（2015年）都或多或少制定了一些清晰的战略路线，

中亚国家虽然迎来了新的机遇，但身处聚光灯下，这些国家原有的问题也暴露出来。

这些"信息"给人的第一印象是非常矛盾的。特别是，中亚似乎是一个极其多样化和分散的地区，它总是呈现出不稳定的状态，经常爆发"颜色革命"，还会受到其他破坏性力量的影响。许多国际知名出版物都抱有这种陈规定型的看法。而且，由于中亚与阿富汗接壤，这些出版物通常戴着有色眼镜来看待中亚的潜力和风险。

还存在另外一些观点。例如，在对2050年之前这一阶段的发展状况进行评估时，一组国外研究者在刚刚发布的研究报告中，预测到了中亚地区丰富多彩的未来，并且描绘了一幅非常美好的图景。当然，这种预测可能会受到委托方某些政治和意识形态方面的制约。此外，如果仅是讨论问题，或仅仅为了制定潜在的战略目标，那么预测未来30年的情景更为理想。但是现实表明，这种预测的实用性很低（原则上，这样的任务也没有被提出来）。

俄罗斯国际事务委员会通过研究，尝试着去预测2024年之

目的就是维护各自在中亚的利益。此外，伊朗、韩国和土耳其对扩大在该地区的存在，也表现出浓厚的兴趣。例如，在2006—2015年九年间，日本在中亚地区完全没有什么影响力。而丝绸之路经济带框架下的基础设施建设，把日本的港口与中亚地区连接了起来，促使日本政府重启了被遗忘的"4＋1"政治对话平台，也激发了日本商业的兴趣。

前中亚地区的发展状况。①该项研究的预测点是，西方联盟能够众望所归，从阿富汗撤离其军事力量。通过委员会使用的模型名称和研究的内容可以看出，该方案主要以地缘政治背景作为分析的基础。尽管随后几年该地区所发生的事件表明，地缘政治导向的情景分析效果不是很理想，但却打下了良好的讨论基础。

另一个观点也很有趣。参加2014年世界经济论坛的专家，也曾试图预测中亚和南高加索地区的未来发展前景。②在论坛发布的报告中，专家们提出了一个大胆而有争议的预测，并尝试构建亚美尼亚、阿塞拜疆、格鲁吉亚、哈萨克斯坦、吉尔吉斯斯坦、塔吉克斯坦、土库曼斯坦和乌兹别克斯坦等八国合并的未来场景。

该项研究通过情景预设，把中亚地区视为西方、俄罗斯、亚洲三者之间的中转枢纽，然后在此基础上研究中亚各国的发展潜能，并展望这个"一体化区域"的未来。世界经济论坛的专家们在进行此类研究时的逻辑和动机通常是可以理解的，但中亚国家除了共同的后苏联历史和个别的合作项目之外，很难说它们有着共同的未来。当今的中亚和高加索国家，是在不同的地缘战略坐

---

① 联军从阿富汗撤军后2014—2024年中亚局势发展情景预测。俄罗斯国际事务委员会（РСМД）2013年. http://russiancouncil.ru.

② Scenarios for the South Caucasus and Central Asia. World Scenario Series. World Economic Forum, 2014.

标和迥异的国内现状下发展的。

因此，外国专家团体关于中亚的可靠信息和知识仍然非常有限和分散，有时甚至是矛盾的。仅有少数专家可以全面了解该地区。关于后苏联时期中亚地区的历史，在公共信息资源中基本上只有非常模糊的介绍。[①]

我们必须承认，中亚地区在许多方面都是一个非常复杂的空间。

中亚地区位于三大文明的交汇处，拥有复杂的历史和多变的民族宗教结构。在亨廷顿等人看来，中亚地区是潜在的"火药桶"。[②]

国外的研究者有一种思维定式，他们认为中亚地区的重要性体现在巨大的能源和自然资源潜力方面。[③] 但与其他资源出口国相比，中亚看起来并不起眼。此外，由于该区域并无对外出海口，因此不得不依靠周边国家通过过境运输来出口能源。

---

① 无疑，中亚各国的专家也参与了各项情景研究工作，但这通常是有外国学者参与的多国工作组。本项情景研究的不同之处在于，只有来自中亚（没有外国代表）五国（包括土库曼斯坦，该国专家往往不参与此类区域项目）的专家参与其中。

② 2010年6月，吉尔吉斯斯坦南部发生的戏剧性事件在一定程度上证实了这一论点。

③ 包括大量石油、天然气和其他战略资源。中亚集中了世界上最重要的自然资源——碳氢化合物原料。碳氢化合物原料既给中亚地区带来了巨大的机遇，也为该地区带来了长期的挑战。世界各个大国对于自然资源的开发兴趣不断增加。并且，大国的战略致力于实现具体的地缘政治目标，因为对燃料和能源及其运输方式的控制，可以直接影响该地区的局势和世界市场的走势。

中亚地区的地缘政治环境复杂。这里既有内部问题，又有互相矛盾的外部影响。中亚各国之间固有的复杂历史关系，也促使形成了新的挑战。① 这样一个狭小的区域，汇集了世界上最主要的政治力量（国际舆论的强大制造者）—— 俄罗斯和中国、美国和欧盟、日本和韩国、伊朗和土耳其，它们的利益相互交织。其中部分国家已经针对欧亚大陆中心这个狭小空间制定了各自的战略。

中亚地区的地理位置。之前，距离海洋很远（除去里海）这个因素是中亚地区经济发展的巨大绊脚石。而今天，这个负面因素却使得中亚在欧亚大陆的运输和物流项目中，扮演了一个大有可为的积极角色。

多年来，关于中亚地区的各项研究，大都给出了负面的评估结果。这些研究项目反映了并不乐观的预测结果，预示了中亚地区在未来会发生各种"恐怖故事"。在这些预测中，影响力较大的有：为争夺水资源等能源或由于臭名昭著的"2014年因素"，该地区会爆发武装对抗（2014—2015年中亚面临来自阿富汗北部

---

① 特别是，长期存在的类似缺陷还包括中亚地区的版图，以及苏联时期未经慎重考虑（故意而为之？）就绘制的国界。在此基础上，"不让邻国半步"的民族主义呈渐进式增长，政治制度的不稳定性（更多的是内部问题）等问题也层层累积。事实上，目前只有哈萨克斯坦完全划定并标定了与邻国的边界。但与此同时，还有一个地段的问题未得到解决，即哈萨克斯坦、土库曼斯坦和乌兹别克斯坦三国的交界处没有设置界碑。

恐怖组织的严重威胁——译者注）。普遍认为，中亚地区政治经济的发展一直处于"极其复杂的阶段"。

这里，我们可以提出一个很理性的问题：在中亚的近代历史中，是否曾经有过一段繁荣和绝对的宁静时期呢？由于各种原因，中亚地区的情况一直很复杂。令人惊讶的是，尽管做出这种预测的现实基础很薄弱，但如今的中亚仍然保持着一定的稳定性（尽管内部的发展问题和不断变化的外部挑战是客观存在的）。

可以说，过去人们在很大程度上低估了中亚的重要性、意义、生存力和生命力。除了个别专家和国际"智库"之外，该地区往往受到主要地缘政治力量的轻视。今天，情况正在发生根本性的改变。我们有理由相信，在未来十年，世界对中亚的兴趣只会越来越浓。

中国显著增长的经济实力也使人们关注到了中亚地区。尤其是在丝绸之路经济带项目的框架内，超过千亿美元的基础设施投资、重大经济项目和中国海港的开放，为中亚的发展带来了新的机遇。[1] 这已经成为近年来在欧亚地区地缘经济和政治进程中的

---

[1] 从2014—2015年开始，中国的主要港口城市日照和连云港开设和运营了针对中亚地区的运输物流中心，为中亚各国打开了太平洋地区和东南亚的广阔市场。此外，在"丝绸之路经济带"项目框架下（中国、哈萨克斯坦、土库曼斯坦、阿塞拜疆、格鲁吉亚、土耳其、欧盟）所建设的贯穿中亚的铁路基础设施，将中国与西欧消费者联系了起来。目前，中国每周都有货运列车通过该线发往德国和其他欧洲国家。

强大刺激因素（带来了新的机遇和新的挑战）。①

由于中国的积极努力,中亚已经成为众多国际力量的政治"震中"。吉尔吉斯斯坦的加入和塔吉克斯坦的准备加入,使欧亚经济联盟继续扩张。美国重新评估了之前较为封闭的中亚战略理念,开启了区域对话 C5 + 1（中亚五国 + 美国）。② 欧盟长期以来也在努力寻找自己的中亚战略。③ 令人颇感意外的是,近年来日本和印度在中亚地区的活动也明显增多。伊朗在逐渐摆脱制裁的同时,也开始重建与中亚的联系,其在中亚的影响可能会持续

---

① 中亚各国在欧亚过境运输问题上的天然地缘政治优势,无疑为其开辟了广阔的机遇和前景。与此同时,在制定战略方案时一定要意识到,途经该地区的运输动脉连接了中国与欧洲,也连接了俄罗斯与哈萨克斯坦东南部地区。这条运输线对大国来说具有重要的战略意义,同时对中亚而言也给其带来了长期风险。

② 美国重新审视竞争战略这一点显而易见。重要的是,美国努力将中亚与全球经济联系起来。这种方法使得中亚国家规避了选择对外倾向这一问题,同时也为美国创造了更多的合作机会。美国重新审视自己的战术,其原因是需要保持在中亚的长远地位,并实施美国版"新丝绸之路"。自2011年以来,与中国丝绸之路不同,美国的项目基本上仍是纸上谈兵。显然,美国决定不与中国的倡议进行竞争（因为缺少资金来实施项目）,而是加入这个倡议,并借此实施自己的项目。

③ 2007—2013 年的战略遭受重创之后,欧盟正在努力维护其在中亚的利益。同时,中国倡议的"丝绸之路经济带"横穿整个中亚地区,直抵欧洲市场,即使没有调动所有欧盟成员国的积极性,也刺激了某些国家。特别是德国、英国、奥地利、波兰等国对东西走廊表现出了极大的兴趣和积极性。相应的,这些国家和中亚国家的合作必然会得到加强。

上升。①

人人喊打的（媒体上屡见不鲜）恐怖组织"伊斯兰国"也在打中亚地区的主意。"伊斯兰国"高度关注中亚地区，把该地区正式列入了长期军事方案之中。"伊斯兰国"认为可以从该地区招募极端武装分子。土耳其、叙利亚和欧盟均发现了来自中亚国家武装分子的痕迹。"伊斯兰国"在阿富汗死灰复燃，并且面对全新的、更现实的风险，重新启动了阿富汗的中亚安全议程。

因此，在这些新动向的影响下，中亚国家在21世纪第三个"十年"的局势，将与其独立初期的20世纪90年代及新千年第一个"十年"时的状况大不相同。中亚国家新的发展趋势也越来越清晰地显现出来。未来十年对于该地区各国的战略发展至关重要。

我们有意避免使用传统的情景预设法。按照传统的方法，人们会将该地区未来的发展与地缘政治环境或世界大国的影响直接联系起来。②外部影响的确重要，但它并不能决定中亚地区发展

---

① 自2014年以来，哈萨克斯坦、土库曼斯坦和伊朗三国联合启动乌津-戈尔干铁路项目，开通了从中亚到伊朗港口和中东市场的运输通道。2016年，中国国家主席习近平访问伊朗。两国达成协议，将联合项目和贸易额在十年内提升至6000亿美元。因此，中亚在中伊经贸交流中的作用只会增加。

② 传统上存在所谓的以俄罗斯为中心的区域发展方案、以美国为中心的区域发展方案、以中国为中心的区域发展方案、以欧洲为中心的区域发展方案以及其他形式的区域发展方案，但均不适用于确定中亚的未来发展。

特别是，在国家原则上实施情景预测是不可能的。首先是因为中亚是一个多极地区，汇集了一些大中型地缘政治玩家的利益；其次，中亚国家还面临这样一个事实：在对外关系上具有多面性，缺少与单独一个国家明

的整体矢量。近些年来，中亚地区正在发生根本性的变化。该地区进入了一个巨大的变革时期，必然会发生各种内部变化。

中亚地区发展形势的有趣之处就在于，区域内部发生的变化和全球变化进程相互叠加。世界体系正处于转型过程当中，全新的地缘政治和经济架构正在形成。全球的技术范式正在发生急剧的变化。全球安全体系运行效率低下，包括中亚在内的许多地区冲突频发。

这将有助于我们了解自己的地区在世界进程中的定位。因此，我们的任务是确定中亚地区未来十年的状况，预测其在全新的现实世界图景中将如何发展。

我们研究的目的是，使用情景预测的方法来分析中亚未来十年的发展前景，并尝试将该地区作为一个整体进行情景模拟。

正因为如此，该研究项目第一次采用了知识集成法。这份分析报告是所有中亚国家集体参与的成果。[1] 知识集成法可以在充

确的伙伴关系。

[1] 来自哈萨克斯坦、吉尔吉斯斯坦、乌兹别克斯坦、塔吉克斯坦和土库曼斯坦的政治机构、工商界和学术界的150多名代表通过深度的专家访谈，参与了目前进行的预测中亚未来的工作。此外，2015—2016年情景工作组成员多次与专家们在哈萨克斯坦、吉尔吉斯斯坦、乌兹别克斯坦、塔吉克斯坦、德国、俄罗斯、中国、美国和土耳其的各种"智库"平台和国际论坛上讨论了中亚地区的局势及其未来的发展前景。大部分中亚专家是CAMCA（中亚、蒙古、高加索和阿富汗）青年领导区域网的参建者。区域网是约翰霍普金斯大学(SAIS, Johns Hopkins University)现代国际研究学校和拉姆斯菲尔德基金会(The Rumsfeld Foundation)倡议创建的。

分考量中亚每个国家利益的基础上预测该地区的未来走向。该方法至少可以降低评估的主观性，并在最大限度上扩展中亚未来可能出现的图景。

本报告分析了当前的一些趋势（以过去几年在中亚和国外发表的相关研究作为参考），这些趋势将在不同程度上决定着该地区未来十年的发展前景。

作者的目的并非要准确地预测未来（这实际上是不可能的），而是要经过集体的努力，创造性地构建区域发展的潜在模式，并在此基础上把中亚地区作为一个整体，确定其在未来可能遇到的挑战和机遇。

我们认为，中亚国家在未来十年内，应适当地聚焦于这些可能存在的问题和机遇。

作者对此提出以下问题：

中亚国家的年轻知识分子如何看待他们所在地区的未来？

目前的哪些趋势将导致该地区未来发生根本性变化？

代际交替将如何影响该地区的发展？

寻找新的经济增长模式是否会促进该地区经济的增长？

在地缘经济和地缘政治变化的背景下，该地区的地理位置将发挥什么作用？

渐趋成熟的区域内变化对中亚这个整体的发展有多大影响？

中亚地区是否会在政治和基础设施建设方面联系得更加紧

密？是否会更注重协作？

发展的机遇是什么？什么可能会威胁到美好的前景？

专家们经过集体努力勾勒了未来可能出现的情景，我们能够从中汲取哪些经验？

区域发展面临的两大难题：代际交替（包括政治"统治集团"）将如何影响中亚各国的政治生活？今天中亚周边所出现的各类进程，是否会促进中亚国家的经济增长？

中亚当前形势

"如果我们不能从思想上理解什么是现在,我们将永远不会属于那个未来。"——马丁·海德格尔

中亚是一个高度复杂、矛盾的多样性地区。它有自己的独特性,也存在自己的问题、风险和机遇。当前,一些主要的全球"智库"正加紧预测中亚局势的发展前景,并制定进一步扩大在该地区影响力的战略。总体来说,影响力较大的"智库"都承认,中亚在世界政治中所扮演的角色会变得越来越重要。

然而,中亚的角色有一些独特性。中亚地区不是一个独立的政治力量,而是世界主要大国的"战场"或"棋盘"。这种宽泛的标签并未反映出该地区内部的局势,也并未体现其在欧亚地缘政治和地缘经济中角色的转变。

我们谈论的是高度意识形态化的问题。因此,无论是过去还是将来,始终存在故意歪曲乃至混淆事实和论据的情况。这样一来,由于专家在为国外政治精英集团评估中亚形势,并制定建议

时态度有失真实，精英集团很可能做出针对中亚的错误决断，有时甚至是危险决断。

中亚具有重要的地缘战略价值，拥有丰富的自然资源和较强的转口运输潜力，是外部力量利益和意图的交汇之地。因此，在新的地缘政治现实中，外部力量在中亚地区开展各领域合作时，并不总是处于竞争状态，他们的战略目标和立场是一致的。

西方和中国对中亚地区进行评估时有一个显著的趋势，那就是后苏联时期的中亚，不再是只有俄罗斯才能对其施加影响的区域。因此，其他的国际力量可以根据各自的战略利益，为该地区的重建制定更加积极的计划。这是一个令人担忧的趋势。它说明各国之间的竞争愈发激烈，对中亚地区的争夺已经白热化。但中亚在世界地缘政治中的角色正在发生改变。

中亚国家的经济呈现出发展不确定和增长率下降的态势。2015年，哈萨克斯坦GDP增长率为1.2%。2016年的GDP增长率为1.1%，低于五年平均增长速度的4.6%（尽管国际评级机构惠誉国际预计，2016年哈萨克斯坦经济增长率将低于1%）。据统计显示，2015年土库曼斯坦国内生产总值较上一年相比仅增长6.7%，2016年为6.2%，而此前这一数字为10%。[①]2015年乌兹

---

① 由于出口产品的价格和数量下降，土库曼斯坦的出口收入将进一步减少。该国所面临的形势会趋向恶化。2016年1月初，俄罗斯天然气总公司停止从土库曼斯坦购买天然气，之后又终止了与土库曼石油天然气公司

别克斯坦 GDP 增长率回落至 7.9%，2016 年增长率为 7.8%。根据 IMF（国际货币基金组织）的预测，到 2020 年之前，乌兹别克斯坦的 GDP 增长率将维持在 6.5%~7% 之间。①2015 年吉尔吉斯斯坦 GDP 增长率为 3.9%，2016 年为 3.8%。②当前，中亚地区的主要宏观经济风险，与实施结构性改革密切相关。③

很明显，从更广泛的意义上说，该地区各国的经济增长模式逐渐失灵。中亚国家的经济发展仍然主要依靠原材料出口。

的合同。与中国一样，俄罗斯也是土库曼斯坦天然气的主要买家之一。俄罗斯方面的年采购量为 100 亿立方米（实际上高于 500 亿立方米），而土库曼斯坦天然气出口总量为 450 亿立方米。因此，为保证以前的增长速度，阿什哈巴德必须在俄气退出市场后找到天然气新买家。这将很难做到，因为伊朗并不准备恢复土库曼斯坦的天然气供应，伊朗本身也有大量的天然气储备，TAPI 天然气运输管道仍然存在很大的问题，中印之间就现货交付问题开展的谈判（可能要求增加土库曼斯坦的天然气供给量并进行第四次土库曼斯坦—中国天然气运输试运行）也进行得非常缓慢，与此同时乌兹别克斯坦和哈萨克斯坦通过中国的天然气管道增加了本国的天然气供应。

① 与此同时，必须考虑到一点：官方统计数据不应受到自主审核的影响。一些专家认为，实际上乌兹别克斯坦国内生产总值的增长率在 4%~5% 之间浮动。

② 必须指出，受邻国（这些邻国是吉尔吉斯斯坦的主要贸易伙伴）经济增长放缓影响以及"多尔多"和"卡拉苏"两大货物市场被关闭，吉尔吉斯斯坦的转口量呈下降趋势。

③ 尽管全球贸易在发展，全球化进程在不断不断深入，但中亚地区的经济却由于内部各国对经济的过度监管和封闭而面临重重困难。从长远来看，该地区将陷入战略绝境。因为改革的时间拖得越长，最终对人民的伤害就越大，也会为政治体系的动荡埋下祸根。

与此同时，中亚国家的主要出口产品——石油、天然气和金属——的价格并不稳定。①如果外部形势不利，政府在执行预算方面就会遇到困难，并通过超发本国货币进行应对。由于中国经济增速放缓，中国对中亚出口总需求下降，这使得情况进一步恶化。就哈萨克斯坦而言，该国的经济增长主要依靠出口石油和天然气，但由于世界石油市场的持续低迷，这种发展模式正面临挑战。②乌兹别克斯坦、土库曼斯坦、吉尔吉斯斯坦和塔吉克斯坦等国也同样面临需要探索新的经济增长模式的问题。③

中亚地区发展的不平衡正在加剧。中亚各国经济发展的差距正在进一步扩大。特别是，该地区最大GDP和最小GDP之间的差距超过37倍。在中亚国家的出口业务中，与邻国的贸易份额

---

① 世界银行预估：《商品原料市场发展前景》报告，2017年10月。包括石油、煤炭在内的能源价格在今年实现了28%的增速飞跃之后，在2018年只会增长4%。金属的价格指数在经历了2017年的22%的抬升之后将在明年迎来稳定局面。农业原料价格也将在2018年小幅增长。在到2030年之前的中期阶段，根据世界银行的预估，中亚国家的大宗出口商品中的铝、石油、天然气、小麦的标价会迎来适度上涨，金价则会下降。

② 作为"石油天然气"增长模式的替代方案，哈国政府专注于发展物流和运输干线。在哈萨克斯坦境内建立物流和过境运输基础设施，有助于提高哈萨克斯坦巨大的过境潜力。

③ 尽管取得了一些成功，但依赖原材料出口和（境外）汇款流入的增长模式具有不稳定性，从长远来看会产生许多严重问题。

为3%至7%。

此外，中亚是国家间联系最少的区域，各国在许多方面（例如基础设施、政治和法律等层面）都罕有交流。[①] 这点在区域内的交通联系上也有所表现[②]。中亚地区连接各国之间的铁路线十分有限，只有1至3条。另外，中亚地区内部的航班也很少，每周只有2到16个班次。直到2017年才开通了从杜尚别到塔什干的直飞航班。相较而言，从土库曼斯坦到土耳其每周航班的数量超过116架次（而从哈萨克斯坦和乌兹别克斯坦两国飞往土耳其的航班每周加在一起仅1~5架次）[③]。从塔吉克斯坦、吉尔吉斯斯坦和乌兹别克斯坦飞往俄罗斯每周共有84~116个班次。这些

---

① 中亚地区存在问题的地域是乌兹别克斯坦与塔吉克斯坦、吉尔吉斯斯坦两国的边界。在费尔干纳盆地共有八块飞地，其中在吉尔吉斯斯坦境内有四块乌兹别克斯坦的飞地和两块塔吉克斯坦的飞地。在乌兹别克斯坦境内同样也有吉尔吉斯斯坦和塔吉克斯坦的飞地。此外，仅在吉尔吉斯斯坦就有大约30块半飞地。这些问题给当地群众制造了许多麻烦。其他一些客观因素（水资源和土地资源日益短缺，人口状况复杂，环境问题突出）也成为该地区局势长期紧张的根源。

② OSCE: Central Asia Data Gathering and Analysis Team, *The Transport Sector in Central Asia.*, 2012.

③ 造成内外航班数量出现这种差距的原因，主要是受移民潮的影响，特别是流向俄罗斯（来自乌兹别克斯坦、塔吉克斯坦和吉尔吉斯斯坦）和土耳其（来自土库曼斯坦）的移民需求很大。中亚各国之间的航班数量较少，表明需求和消费有限（这些航班主要用于货物过境运输），也反映出区域内的商业活动较少。

问题极大阻碍了经济增长，必须在近几年得到解决。

在原料超级周期中，严重依赖原材料出口的国家经济高速增长。而现在，这些国家面临着经济、社会和政治等方面的结构性问题。正如预期的那样，资源生产国将在加工制造业方面投入更多资金，这将有助于本国经济多元化和世界对原材料需求的多样化。① 当企业管理建立在旧有的无效行政指令基础上时，小规模经济、技术落后以及企业管理等问题就会阻碍中亚国家的工业发展。因此，中亚地区GDP结构中的工业份额实际上并没有增长（仅有少数例外）。② 而就业岗位数量的减少，使得该地区的人口流动性水平仍然高居不下。

城市快速发展的同时，也伴随着去城镇化进程。③ 当今的中亚

---

① Citi Research, Citi: в следующие 10 лет спрос на сырье будет низким, 2015,（https://www.vedomosti.ru/economics articles/2015/03/18/citi-v-sleduyuschie-10-let spros-na-sire-budet-nizkim）。

② 虽然自然资源将继续在全球经济中发挥重要作用，但原料商品超级周期的黄金时代已经结束。在这种情况下，以碳氢化合物和金属出口为主要收入来源的国家将面临新的挑战。预算收入减少会导致削减支出，国家需要发掘新的增长源。经济多元化、结构性改革和改善投资环境这些问题将变虚为实。资料来源：《处于十字路口的欧亚大陆：全球化背景下超级大陆的未来》，努尔苏丹：阿斯塔纳俱乐部，2016年，第51页。

③ 中亚各国大部分现代城市都是在苏联时期建设和发展起来的，并且得益于苏联时期单一经济综合体框架内生产力分配的政策。1991年苏联解体后，中亚各国（哈萨克斯坦、吉尔吉斯斯坦、塔吉克斯坦、土库曼斯坦和乌兹别克斯坦）主要是以农村人口为主体的农业经济国家。结果，该地

地区，城镇化进程是不平衡的。在一些地区，城市人口的比例已经很高，而在另一些地区，农村人口仍占主导地位。尤其是，大城市人口迅速增长，相当一部分地区的人口居住在大城市中。① 例如，自1991年以来，乌兹别克斯坦城镇人口比例增长了10.2%，哈萨克斯坦城镇人口比例增长了5%，土库曼斯坦城镇人口比例增长了2%。同时，吉尔吉斯斯坦该项指标下降了2%，塔吉克斯坦下降了9%。② 因此，中亚地区的大部分劳动力集中在农业部门。

区所有国家今天都面临着一系列问题，如国家领土的未来前景、需要建立长期符合社会经济发展利益的新空间框架。资料来源：《中亚城镇化：挑战、问题与前景》，塔什干：经济研究中心，2013年，第12—13页（同上）。

① 丹科夫指出，截至2014年，中亚七座大型城市（塔什干、阿拉木图、努尔苏丹、奇姆肯特、比什凯克、杜尚别、阿什哈巴德）居住着800多万人口，约占地区总人口的12%。在过去的25年间，居住在这些城市的人口增长了0.5~1倍。阿斯塔纳成为人口绝对增长的领导者（增长了几乎两倍）。目前，中亚两座超大型城市——塔什干和阿拉木图——在人口数量上分别位居前苏联境内的第4位和第7位。A. 丹科夫：《中亚的主要城市：人口与政治》，俄罗斯国际事务委员会（РСМД），2015年。- http://russiancouncil.ru.

② 例如，哈萨克斯坦在矿业开采领域推行了工业化和发展资本密集型产业的政策。此举加强了大中型城市作为矿物原料开采中心的作用。因此，中小型城市的城市人口比例有所下降，农村人口比例明显下降（近20年内下降了7%）。塔吉克斯坦城镇化的主要问题集中在失业造成的去工业化和人口流动，人口的不对称性和分散性等原因导致城市人口比例下降（从1970年的37.1%降至2010年的26.6%），而且农村地区缺乏社会文化和交通基础设施。吉尔吉斯斯坦出现去城镇化现象的原因（从38.2%降至33.9%），也是经济的结构性变化（工业萎缩、农业增长、就业问题恶化）。乌兹别克斯坦和土库曼斯坦的情况是，各地区城镇化发展不均衡，农业在国民经济中占比很大。而且两国有一半的人口居住在农村地区。与此同时，

这也说明，中亚几乎所有国家的劳动生产率都较为低下。因此，据估计，中亚某国3200万人口中有一半都生活在农村地区，27%的居民从事农业①。据专家介绍，未来10—15年间，农村人口将在中亚人口结构中占主导地位（农村地区的出生率高于城市）。②

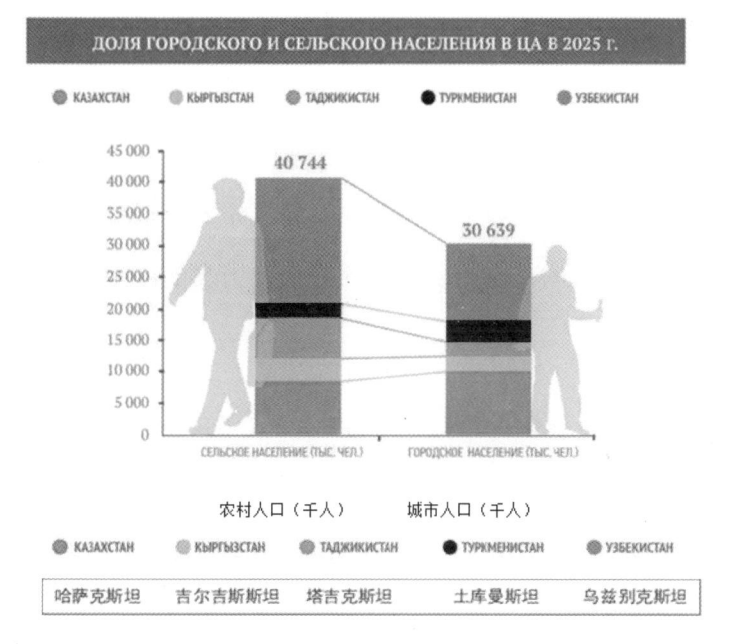

图1　2025年中亚地区城市与农村人口比重表

目前两国正在从农业—工业这种发展模式转向工业—农业发展模式。

资料来源：http://tajikta.tj/news/detail.php?ID=13730&VOTE_ID=2&view_result=Y.

① 乌兹别克斯坦与荒漠化斗争的失败。http://russian.eurasianet.org/node/63236.

② 《中亚城镇化：挑战、问题与前景》，塔什干：经济研究中心，2013年。

用于灌溉和饮用的淡水资源短缺问题更显突出。中亚地区的水资源总量逐渐减少。由于气候变化，冰川正在融化，[1]河流总流量减少。与此同时，由于该地区人口高速增长，用水量也在增加。国际学术期刊 Nature 的数据显示，该地区每创造一美元的国内生产总值，就要消耗 2.5 立方米的水量。中亚国家成了世界上水资源利用率低下的代表。因此，未来针对水资源的冲突可能会更加尖锐。[2]

该地区所有主要国家均已进入所谓的权力过渡阶段。权力过渡这一自然进程的主要特征体现在领导层的更迭以及在业已形成的权力平衡框架内，精英阶层试图通过宪法改革达到权力的重新

---

[1] 哈萨克斯坦和中国边境的准格尔阿拉套山区形势危急。在这里，冰川面积以每年 0.8% 这种前所未有的速度急剧萎缩，冰体融化体积达到了 1%。冰川融化导致山体滑坡和泥石流等自然灾害频发。与 1957 年相比，中亚的冰川面积减少了 25%。冰川融化对阿姆达里亚和锡尔达里亚地区的两条主要河流（阿姆河与锡尔河）产生了负面影响，而哈萨克斯坦这个水资源极度贫乏的国家，非常依赖这两条河流的水资源。锡尔达里亚近年来的水流量减少了 7%。塔吉克斯坦分布着近 14000 座冰川，近年来已有一千多座冰川消解融化。未来几十年，阿姆河流域的水资源可能减少 10%~15%，而锡尔河流域将减少 2%~5%，这将加剧中亚的水资源危机。

[2] 问题在于，落后的灌溉方式会造成大量水资源的浪费。特别是乌兹别克斯坦，该国农业用地的灌溉方式为沟渠式灌溉，使得水耗成倍增长。此外，农业灌溉是乌兹别克斯坦农业的基础，占该国所有水资源总耗的 90%。与此同时，中亚地区的土地由于土壤盐碱化无法耕种，并且盐碱化土地的面积正在扩大。而哈萨克斯坦咸海地区灌溉土地退化的问题尤为严重。

分配。保证权力平稳过渡的一个重要条件是政治精英达到高度统一。权力过渡面临的挑战，是制度化程度低下以及非官方机构的作用过大。氏族集团仍然是构成中亚各国社会组织和政治生活的重要因素。对于该地区任何一个国家来说，在发展特色政治制度的背景下，非官方氏族集团成了社会各阶层利益在国家层面的代言人。

新一代群体正渐渐走向公众舞台。当前，中亚国家涌现出一批新型精英阶层。他们没有对苏联的认同感，也不抱有与苏联意识形态相关的信仰。① 中亚地区每个国家的人口，超过一半是30岁以下的年轻人。他们接受的是本国的中等教育，没有直接受到"苏维埃"价值观的影响。所有这些变化都将对下一代中亚居民产生影响。中亚地区的"苏联认同感"正在急速消亡，这种现象在老一辈中亚居民中显得尤为突出。专家称，卡里莫夫离开政治舞台，预示着整个后苏联时期的政治家阶层即将退出历史。

青年人的参与，促使政治精英阶层发生更迭。在哈萨克斯坦，年轻经理人以及在海外（主要是英国、加拿大、美国、德国、法

---

① 中亚国家去苏联化的进程正一步步显现出来。比如该地区与苏联的联系不断减少；年轻一代对历史知之甚少（历史是一个衔接环节）；俄语之前是中亚国家不同民族、不同国家之间进行交流的工具，但其作用正在发生变化。该地区的网络群体方兴未艾，这部分人喜欢使用英语或土耳其语进行交流。

国等国）接受过教育，被称为"博拉沙克精英"①的专业人才正在走向前台。他们已经在国家政府部门和地方机关位居高职，在中低层管理部门占据主导地位。②中亚地区其他国家也在发生变化，但各国的改革驱动因素各不相同。吉尔吉斯斯坦的改革，出现在2005年和2010年发生的戏剧性事件当中。当时，精英阶层在革命中被彻底粉碎，精英阶层的成分也发生了明显变化。结果，许多年轻人来到政府供职。近年来，乌兹别克斯坦一直在培育新一代专业人才（包括在国外）。但我们认为，乌兹别克斯坦第一任总统卡里莫夫卸任的最初几年间，③精英阶层的人员更迭更为明显。

---

① "博拉沙克"（Болашак）项目是哈萨克斯坦总统纳扎尔巴耶夫于1994年创立的总统教育奖学金项目，旨在培养新一代的国家管理人才和具备新技能和新知识的专业人才。计划实施期间，已培养了近1.2万名优秀人才。

② 此外，该群体还包括通过自费或国外项目获得境外教育经历的年轻专业人才。此外，境外硕士学位和掌握英语这两点已经成为进入公务员系统的必要条件，也构成了最低的职业化标准。当然，这个过程并不是一个理想状态，其中还存在一些细微差别。但总的来说，该项目已初显成效。在这种情况下，投资人力资本和向各级管理部门输送具有新教育背景的人才，已经成为国家战略的重要组成部分。

③ 乌兹别克斯坦新政治领导层的显著变化让人尤感深刻。2016年秋，塔什干于官方启动了与邻国的和解进程。乌兹别克斯坦官方代表团分别前往与塔吉克斯坦和吉尔吉斯斯坦两国交界的地区。乌兹别克斯坦与塔吉克斯坦两国的水资源管理部门开启了谈判进程。谈判有助于缓解两国在水资源和土地资源共同利用方面的紧张局面。除此以外，在2017年重新开始了关于乌兹别克斯坦对塔吉克斯坦进行天然气供应的谈判。2017年10月乌、塔两国在塔什干举行了商业论坛，两国工商部门在会议上签署了关于共建

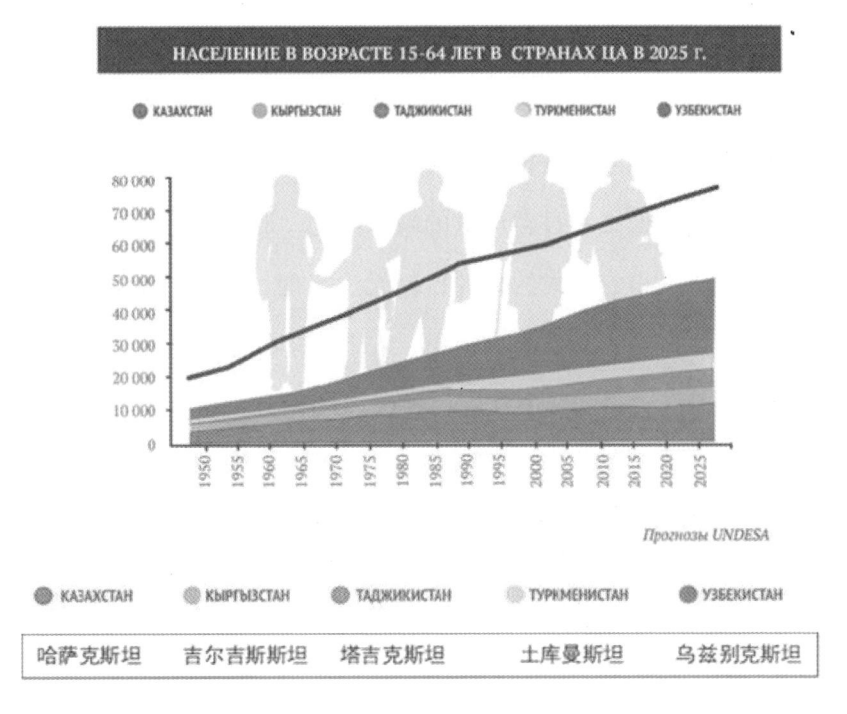

图 2　2025 年中亚国家 15~64 岁人口数量表

（说明：联合国经济和社会事务部预测）

　　人口增长将加剧中亚地区的社会和经济发展问题。未来数十年，中亚地区的人口可能达到 8000 万~8400 万。人口增长加剧

贸易委员会的协议。2017 年 11 月两国举行了国家政府委员会在经贸合作领域的会议，进行了 3 次政府代表团工作小组就国界划定问题开展的会见。同时，2017 年 8 月，乌兹别克斯坦与吉尔吉斯斯坦政府委员会恢复了在双方合作和国界划分问题方面的工作。乌兹别克斯坦希望积极促进双方货物来往，进一步加强与塔吉克斯坦、吉尔吉斯斯坦的投资合作。

了土地和水资源短缺的问题。据专家表示，该地区正受到农业人口过剩的影响。事实上，中亚地区即将达到人均肥沃土地面积的最低限度。依靠灌溉这种粗放的方式是无法扩大耕地面积的，因为中亚地区正面临着日益严重的缺水问题。肥料匮乏、技术落后和专家短缺使得农业集约化的目标无法实现。因此，中亚国家的很多农业区产量缩减、土壤退化、农业产能低下。这些因素导致失业率攀升。人口实际上从农村地区"被赶出"。

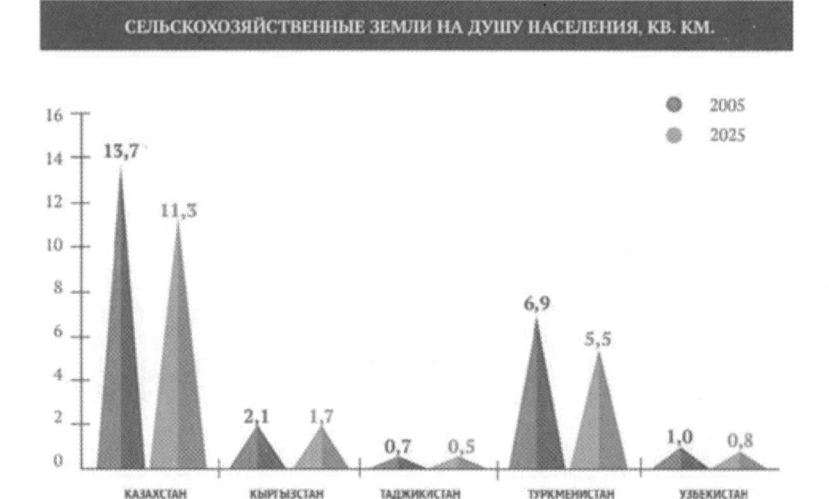

图3 中亚国家人均农业土地占有量统计表（平方公里）

（说明：世界发展指标数据库与联合国经济和社会事务部预测）

从俄罗斯返回的大量劳动移民，可能会在中亚国家造成社会和政治问题。大量劳动移民的回归，增加了塔吉克斯坦和乌兹别克斯坦两国国内劳动力市场的压力。两国尚未做好准备接纳新的劳动力，移民回归还会使失业状况恶化。[①] 劳务输出使最活跃的男性人口流向外部，因此大大降低了社会的抵抗能力。中亚国家的人口相当年轻，平均年龄为26岁。因此据估测，短期内该地区15~64岁的人口中65%~67%的居民具备劳动能力，这意味着，当地劳动力市场会继续承受负荷。鉴于中亚各国（在当前的发展模式中）无法提供所需数量的工作岗位，唯一的解决办法仍然是增加人力资源的输出规模。[②]

从长远来看，劳动移民对经济增长的影响是多方面的。中亚地区专业人才（教师、医生、工程师、农学家等）的外流，对经济发展产生了负面影响。[③] 如果目前的增长模式保持不变，劳务输出国将无法走上可持续发展的道路。当地劳动力市场会因高水

[①] 据专家预测，在塔吉克斯坦和吉尔吉斯斯坦两国，（来自境外的——译者注）汇款在减少贫困人口方面发挥了关键作用。事实证明，（境外）汇款对提高微观（家庭收入）和宏观经济水平产生了十分积极的影响。

[②] A. 丹科夫：《百年之后的中亚："大变革"之后》，2013年，俄罗斯国际事务委员会（РСМД）。http://russiancouncil.ru.

[③] 结果，当地劳动力市场几乎在所有的工业领域都缺乏高水平工人。此外，移民的到来致使越来越多的本国国民丧失了专业技能，因为绝大多数国外移民从事的都是半技能型或非技能型劳动。

平劳动力外流而遭受危机。这将抑制劳动密集型经济产业的发展，降低中亚地区的投资吸引力。各地区经济发展的不平衡致使大量人口涌入城市，城镇化进程难以控制，中亚各国内部之间人口的相互流动会让局面愈加混乱不堪。这些进程的负面影响是，部分流动人口会趋向边缘化，中亚会成为滋生极端主义的肥沃土壤。

在中亚经济发展和地区稳定中发挥重要作用的劳务移民正在改变其方向。中亚的劳务输出方向主要是俄罗斯，不过受到俄罗斯经济危机的影响，流回中亚的汇款数量大幅减少。① 根据俄罗斯联邦中央银行的数据显示，② 在2015年，俄罗斯为乌兹别克斯坦劳务输出支付的汇款从上一年的57亿美元变为31亿美元，也

---

① （来自境外的）汇款的减少，导致大部分劳务输出国的居民收入水平下降。据经济学家统计，塔吉克斯坦的汇款流入占该国GDP的40%以上；吉尔吉斯斯坦的汇款流入占比超过30%。这是全球该项数据最高的地区之一。此外，经济危机（卢布贬值使工资急剧缩水，工作范围也变得更小）迫使境外移民离开俄罗斯。在中亚各国中主要为俄罗斯劳动市场进行供应的乌兹别克斯坦：截止到2017年10月1日有110万乌兹别克斯坦公民居住在俄罗斯，与2016年相比增长了14.7万人，但是从2014年到2016年这个数量减少了72.3万 /http:/xn—b1ae2adf4f.xn—p1ai/society/social-organizations/44842-tpudovyh-migpantov-menyshe-ne-stalo.html. 根据俄罗斯联邦移民局数据显示，在俄罗斯居住的塔吉克斯坦公民人数为60.8万，吉尔吉斯斯坦—34万 /http:/xn-b1aew/xn-p1ai/Deljatelnost/statistics/migracionnaya/item/10735340/

② http://www.cbr.ru/statistics/?Prtid=svs

就是说在全年测量指标中下降了54%。①2016年俄罗斯对乌兹别克斯坦的劳务输出汇款为27亿美元。2015年俄罗斯支付塔吉克斯坦的劳务输出汇款为22亿美元，与上一年（39亿美元）相比降低了58%。2016年俄罗斯对塔吉克斯坦的劳务输出汇款又降到了19亿美元。从前，俄罗斯劳动力市场更具吸引力，但目前，中亚的劳动力移民开始流向土耳其、阿联酋、韩国和其他国家。这种现象不仅影响到了中亚地区的经济生活，还触及了该地区各国发展的文明矢量。移民既是中亚与新地缘伙伴的桥梁，也是社会文化互通的媒质。②

未来十年，中亚将形成新型同一体。中亚地区内部以及与其他地区的大规模人口迁移、城镇化和工业化以及宗教领域出现的新进程，将有助于形成新的共同体和同一体。③因此，保守社会中建立起来的传统社会关系和角色预计会发生转变。例如，在中

---

① Фергана:《Переводы трудовых мигрантов из России в страны Центральной Азии в 2015 году рухнули на 60 процентов》, 19.03.2016, Фергана,（http://www.fergananews.com/news/24560）.

② 专家预测指出，使用俄语的人口在中亚地区将会减少，俄罗斯文化在中亚地区的影响将会减小。苏联时期的中亚地区，"俄罗斯世界"这种侵蚀倾向是显而易见的。俄语在中亚国家社会中的作用在不断变化。当前，俄语很可能被英语、汉语和土耳其语所取代。这几种语言是劳务移民必需掌握的生活用语，也是开展经济项目合作的必备工具。

③ А. 丹科夫:《百年之后的中亚："大变革"之后》, 俄罗斯国际事务委员会（РСМД）. http://russiancouncil.ru.

亚一些国家，"无父"一代已经长大（这样的家庭中父亲长期离家在国外工作）。此外，专家认为（我们也认同专家的观点），女性在东方社会中的作用发生了显著变化。如今，随着男性人口的大幅流动，女性开始发挥越来越重要的社会作用，她们从事起了男性所从事的职业。未来一段时间，这可能会有助于女性解放，并可能将性别问题提上议事日程。

从最普遍的形式来看，中亚国家区域自我认同的过程可以说正在减缓。而唯有区域认同感，中亚各国才能把本国的未来寄希望于整个地区的发展前景。某些国家相互之间仍抱有含糊不清和不合理的思维定式。① 迄今为止，中亚地区仍呈现出支离破碎的情势，各国在建立共同体来捍卫国家利益的道路上渐行渐远。吉尔吉斯斯坦、乌兹别克斯坦和塔吉克斯坦三国之间的边界形成的

---

① 哈萨克斯坦积极从邻国（主要来自吉尔吉斯斯坦）争取水资源。喀尔克尔（Каркыр）地区的例子就清楚地证明了这一点。分水岭流经托克马克城（Токмак）区域，我们的任何一个邻国在该地区都不会做出让步。未来，我们与邻国乌兹别克斯坦在供水问题上会出现矛盾。在这个问题上，我们与塔吉克斯坦的关系已经十分紧张。而且，哈萨克斯坦和乌兹别克斯坦两国的水源危机还会加剧，因此，凡涉及该问题的谈判，吉尔吉斯斯坦都应该保持谨慎态度……无论如何，乌兹别克斯坦和哈萨克斯坦两国都将力求从邻国吉尔吉斯斯坦丰富的自然资源和水资源中获取最大利益。因此，在与这些国家保持睦邻友好关系的同时，我们应当与俄、美、中等大国发展经济联系，在与他们的合作中获得更多的利益。资料来源：科若姆库洛夫 K：《吉尔吉斯斯坦：环境的利与弊》，2016-7-11，24KG（http://24.kg/tsentralnaja_azija/34470_kyirgyizstan_plyusyi_i_minusyi_okrujeniya/）

"冲突三角区"形势复杂,影响着该地区的国家关系和族际局势。①

中亚国家具有相当高的风险性。这种风险(特别是恐怖主义和宗教极端主义带来的风险)首先威胁到了地区安全。②风险的加剧与邻国阿富汗有关。目前尚未解决的区域问题(贩毒③、非法移民、共同使用水资源和能源)仍然很突出。由于国际联军扩大了在叙利亚的军事活动,将非法武装部队赶出了叙利亚境内(特别是,非法

---

① 哈萨克斯坦外交政策中的中亚向量正逐渐失去以往的活力。特别是哈国政府暂缓了推动区域经济一体化进程的工作,将重心转向确保区域安全以及共同应对境内外的挑战和威胁。自20世纪90年代初开始,经过多次尝试参与区域一体化进程之后,塔什干也改变了方针政策。当前,乌兹别克斯坦尽量避免参加可能危及其主权的多边组织。悬而未决的领土争端以及在共同用水方面的分歧,导致乌兹别克斯坦与塔吉克斯坦和吉尔吉斯斯坦两国的关系十分紧张,而经济和政治竞争成为乌兹别克斯坦与哈萨克斯坦和土库曼斯坦两国互不信任的根源。中亚地区的边境冲突频繁发生。塔什干、比什凯克和杜尚别三方无法解决费尔干纳盆地周围的边界问题,三国的关系变得异常复杂。边境争议地区的人口增长导致领土问题更加纠缠不清,而在自然气候资源有限的条件下下,对土地资源和水资源的争夺将会加剧。

② 恐怖主义和宗教极端主义出现的内在原因,是许多中亚国家复杂的社会政治和经济局势、部分人口的边缘化和社会文化的退化。恐怖主义和宗教极端主义出现的外部因素与阿富汗问题密切相关,而且中亚国家与世界现有的以及潜在的"热点区域"。毫无疑问,欧亚大陆中心"大"地缘政治游戏中的"构造转变"具有决定性作用。

③ 据联合国毒品和犯罪问题办公室(UNODC)专家称,约有15%~20%的阿富汗海洛因通过中亚运往俄罗斯和欧洲。"北部路线"的鸦片年交易量约为3.5亿~4亿美元。

武装进入了阿富汗），中亚各国需要加强边境安全以对抗跨界威胁。①

中亚地区正在经历一个积极参与欧亚大陆地缘政治和地缘经济进程的时期。中亚各国加入了欧亚进程的各类合作，有时这些合作项目在形式上相互矛盾。中亚各国面临着一个问题：如何利用不同的合作形式把各国凝聚到一起，创造机遇发展壮大。目前，一部分中亚国家，如哈萨克斯坦和吉尔吉斯斯坦已经成为有俄罗斯加入的欧亚经济一体化的成员国。显然，塔吉克斯坦很快也会加入欧亚经济联盟。同时，中亚也是中国丝绸之路经济带这一倡议的重要组成部分。这两个飞速发展的区域项目，将中亚划分为两个阵营（并非每一个丝绸之路经济带的参与国都是欧亚经济联盟的成员国）。目前，各方正就把两个项目联合起来这一问题进

---

① 包括哈萨克斯坦在内的中亚国家都是叙利亚非法武装优先考虑的主要目的地，并且，在哈里发制定的未来发展的区域版图上，中亚这片广袤的大地被定名为"呼罗珊"。目前，"伊斯兰国"在阿富汗日益强大，其势力已经直接威胁到中亚的安全局势（与土库曼斯坦接壤的地区局势紧张，武装分子集结，"伊斯兰国"得到了乌兹别克斯坦伊斯兰运动的支持）。阿富汗是"伊斯兰国"的首选目的国。"伊斯兰国"在阿富汗除了扩大影响范围和招募武装分子外，很有可能还有一个非常现实的任务——重新获得一条牢靠且永久的资金渠道。而在中亚地区，此类资金的来源主要有三：第一，来自阿富汗的毒品贩运；第二，石油天然气田以及其他自然资源。最有可能遭受打击的地方是阿姆达里亚地区的区域水利枢纽。控制这一水源地会对该地区所有国家产生巨大影响；第三，恐怖分子的任务之一是对毗邻大国施加压力。土库曼和阿富汗的边境地区有两条具有重要战略意义的运输管道，一条通往俄罗斯，一条通往中国。

行磋商。

很明显，欧盟和美国正在重新审视各自的区域战略。自2015年以来，欧盟正在努力巩固其在中亚的地位，致力于把该地区打造为东西方贸易的陆桥。在C5+1对话平台框架内，美国方面正尝试独立评估中亚地区的发展。美国的做法使中亚国家规避了选择对外倾向这一问题，也为自己创造了更多的合作机会。

今天的东西方断层与冷战时期有很大不同。冷战时期，各国暗中划定了"不可侵犯的"地缘政治势力范围，而其余地区则不值得它们冒险进行直接对抗。2017—2027这十年与"冷战"结束后的26年也将有很大的不同。

预计，中亚国家将更加密切关注国际分工中可能存在的漏洞。而国际分工将由贸易和投资巨头的重新配置决定。发展欧亚大陆基础设施互联互通的项目将面临新的风险。

随着自然资源作用的下降以及封闭区块（例如跨太平洋伙伴关系协议TPP和跨大西洋贸易与投资伙伴协议TTIP）的形成，这些项目的吸引力将受到质疑。目前，处于西方中心世界之外的国家，既致力于发展基础设施以增强与欧洲之间的联系，又着力打造宏观区域合作的替代形式，如"一带一路"。

塑造未来的关键趋势

本章的情景研究基于中亚各国代表的观点和评估内容,目的是避免产生偏见,让评估结果更加客观。总的来说,下面展示的研究成果,反映了各位专家对中亚地区未来十年可能出现的发展方向的集体观点。

研究者共同制定统一化的调研表,获得了丰富的信息材料和详细的评估内容,并在此基础上进一步模拟出中亚地区未来可能发生的情景。[1]

一、国家模块

对中亚五国的专家进行访谈,必须要评估他们如何认识本地

---

[1] 对中亚区域现状和发展前景的专家评估分为两个阶段进行。第一阶段,采访来自中亚五国的各位专家。专家名单列在结尾部分。第二阶段,通过信件往来(与土库曼斯坦的专家)和到访(吉尔吉斯斯坦、塔吉克斯坦、乌兹别克斯坦三国以及努尔苏丹和阿拉木图两座城市)的方式,对调研结果进行了讨论、确认和补充。

区的基本发展趋势和存在的问题，分析国家关系的状况是否相符，同时还要研究一系列背景因素，如对该地区地缘政治影响力的争夺、跨境挑战和威胁以及区域安全威胁。

我们必须要清楚地认识到，目前中亚各国面临哪些问题？哪些进程将有助于地缘政治稳定？而哪些进程又可能导致相反的结果？各个国家在整个区域合作模式中占据什么位置？

所有这些问题都很复杂。想要给出这些问题的答案，不仅要考虑当前的现实状况，还要分析中期发展的前景。正如对整个地区进行的专家调研分析结果所显示的那样，一般来说，大多数专家（40%）对本国未来中期的发展（十年）持乐观态度（见图6）。

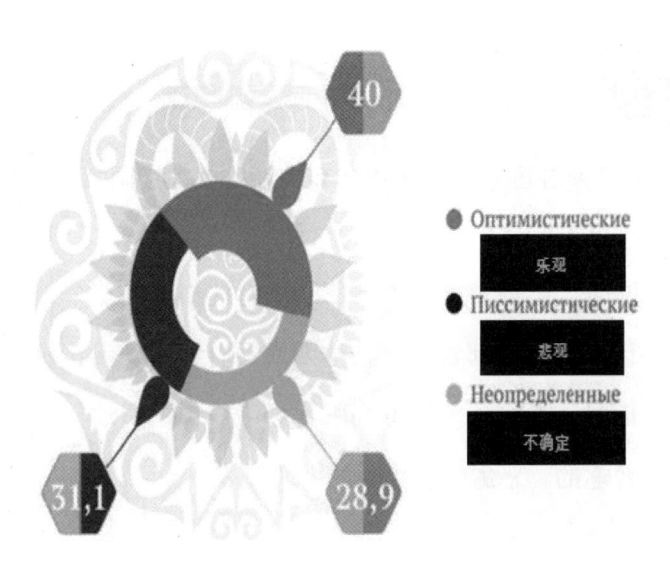

图4 您对您所在国家的未来十年有何期许？（单位：%）

但如果针对各个国家，这些数据又会呈现出多面性。哈萨克斯坦和乌兹别克斯坦专家的预期要更加乐观，而其他国家专家的预期则参差不齐。但是，哈萨克斯坦、乌兹别克斯坦和吉尔吉斯斯坦三国也存在不确定因素（见图7）。

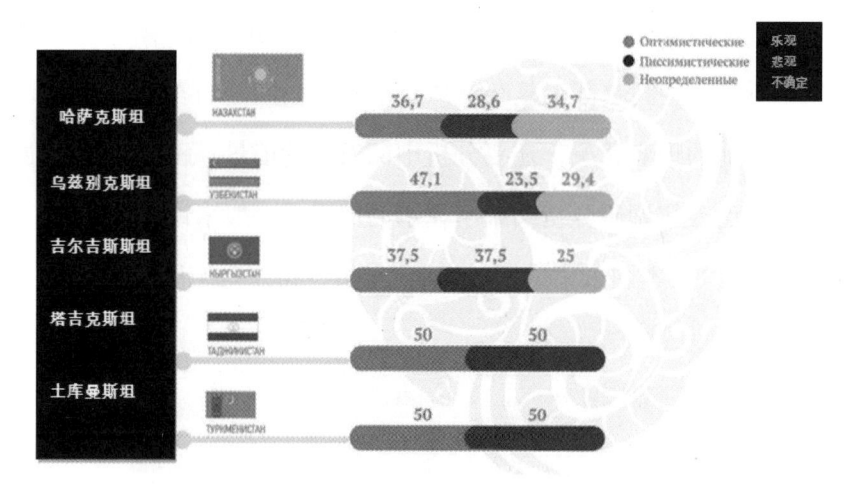

国家	乐观	悲观	不确定
哈萨克斯坦	36.7	28.6	34.7
乌兹别克斯坦	47.1	23.5	29.4
吉尔吉斯斯坦	37.5	37.5	25
塔吉克斯坦	50	50	
土库曼斯坦		50	50

图5　您对您所在国家的未来十年有何期许？（按国家，单位：%）

与此同时，影响专家对本国前景进行评估的前三个因素中，位于第一位的当属内部秩序。其他因素还有经济发展、权力交接和腐败。而且，专家还使用下列限定词来修饰"腐败"一词，如全面的、普遍的、恶劣的、顽固的。（见表1）

表1 请指出最能决定您对贵国未来发展的态度的三个主要因素

序号	主要因素	占比（单位：%）
1.	经济形势恶化 经济发展水平低 缺乏经济结构变化 国内经济形势不稳定 经济持续停滞，人民生活水平下降 经济发展缓慢 经济政策失败，国民经济中的原料倾向	32.2
2.	权力精英阶层和管理精英阶层的更迭 权力交接	23.3
3.	腐败	15.6

（一）哈萨克斯坦

如上所示（见图4），36.7%的哈萨克斯坦专家对本国未来十年的发展持乐观态度。另有34.7%的受访专家持不确定态度，28.6%的专家对哈萨克斯坦的未来持悲观态度。

什么因素影响了专家的预期？导致哈萨克斯坦未来充满不确定性的最主要因素，是权力交接（见表2）。专家对预期带有悲观情绪，首要原因是国家经济形势的恶化。

值得注意的是，地缘政治因素使专家抱有乐观的预期。

腐败也会导致专家对未来的悲观预期。

表2 请指出最能决定您对贵国未来发展的态度的主要因素

序号	主要因素	占比（单位：%）
1.	权力交接	42.9
2.	经济形势恶化	36.7
3.	地缘政治因素	20.4
4.	腐败	18.3

总的来说，哈萨克斯坦专家的乐观预期成因如下（见表3）。

表3 哈萨克斯坦专家乐观预期成因

序号	成因	占比（单位：%）
1.	经济发展 社会经济改革政策的持续发力 结构转型、现代化、经济多元化	16.3
2.	国家行政现代化 新一批管理人员 新一代国家公务员	16.3
3.	政治稳定	14.2
4.	社会、教育、科学、创新领域的发展 国家对人力资源的投入	12.2
5.	国家的国际权威 平衡的外交政策	6.1
6.	资源潜力	4.1
7.	能够发挥积极作用的青年	4.1
8.	宽容、社会容忍度	4.1

（续表）

序号	成因	占比（单位: %）
9.	国民民族自觉意识的提高	4.1
10.	国民公民自觉意识的提高	4.1
11.	群众意识的改变：转向慈善、环境保护和生态、精神文明、保护文化遗产	2.0
12.	提升政治文化 加强社会政治活动	2.0
13.	清楚了解本国领导层的现状 实施复杂改革的政治意愿	2.0
14.	投资商的良好声誉	2.0

值得注意的是，许多专家在列举人力资源投入、国家机构现代化、新一代公务员和青年等因素时，都指出了总统基金"博拉沙克"的重要性。

此外，只有哈萨克斯坦专家强调了诸如宽容、社会容忍度和国民意识转变这些因素。

除表2所示之外，哈萨克斯坦专家的悲观预期与以下因素有关（见表4）：

表 4 哈萨克斯坦专家的悲观预期成因

序号	成因	占比（单位：%）
1.	在国家政治治理方面缺乏结构性转变 缺乏真正的制衡制度	14.3
2.	缺乏对社会、教育、科学和医疗健康的关注和投入	10.2
3.	缺少政治文化和法律文化，或政治文化和法律文化程度较低 社会消极被动	4.1
4.	世界经济危机	4.1
5.	影子经济比例高，收入再分配制度效率低下	2.0
6.	人口因素	2.0
7.	社会压力加剧	2.0
8.	惰性社会	2.0
9.	生态问题	2.0
10.	资本和人才资源外流	2.0
11.	人权保障状况恶化	2.0
12.	国家部门效率低下	2.0
13.	宗教情绪上涨	2.0

除了权力交接之外，专家对未来的预期充满不确定性会受到以下因素的影响：

缺乏对进一步发展的理解，特别是在未能实施战略规划的背景下。该战略规划每年都会确定新的方向／缺乏走出危机的战略（4.1%）；

内部政治进程的不确定性（2.0%）；

一体化进程的新阶段（2.0%）。

专家认为，从中期来看，哈萨克斯坦主要呈现出三大发展趋势：

经济和政治制度的持续自由化（24.5%）；

在保持政治制度现状的同时，实现经济持续自由化（24.5%）；

政治制度和国民经济中的不稳定进程凸显（20.4%）。

结合上述这些趋势，专家在评估哈萨克斯坦未来十年的发展情况时，概括了以下特点：

政治制度的最低民主化程度、经济增长；

政治制度和国民经济缺少一些重大变化；

在保持政治制度现状的同时，实现最低限度的经济增长；

保持政治制度现状的同时，经济出现衰退。

总的来说，哈萨克斯坦社会政治和社会经济发展的潜在向量，专家在表8所列出的各个因素中进行了评估。（此处及以下各国：针对每个因素，我们都设置了相反的评价向量。我们采用从1到5的五分制评价系统，其中1为最小值，5为最大值）。

在社会政治方面，专家发现以下因素呈积极上升的趋势：政治制度、政治稳定程度、国民社会的发展水平、种族关系和宗教关系。

与此同时,以下因素呈现消极发展的趋势:精英阶层的关系、国家管理水平、国家机构的腐败程度、民众情绪和国民的政治参与度等。

表5 社会政治发展

序号	因素	发展情况	分数
1.	政治制度	民主	3.7
2.	政治稳定程度	有力保障	3.3
3.	精英阶层的关系	对抗	3.4
4.	国家管理水平	下降	3.2
5.	国家机构的腐败程度	上升	3.7
6.	公民社会的发展水平	权利平等	4.1
7.	民众情绪	抗议	3.0
8.	人民的政治参与度	消极被动	3.2
9.	种族关系	和睦	3.2
10.	宗教关系	和睦	3.4

前文曾提到,专家对哈萨克斯坦未来发展的悲观期望与本国经济形势的恶化有关(见表2)。

这种悲观情绪也体现在专家对社会经济发展状况的评估中。

所有的评估参数分数都很低。

表 6　社会经济发展

序号	因素	发展情况	分数
1.	GDP 水平	下降	3.1
2.	经济结构	原料	3.7
3.	经济关系	垄断	3.8
4.	国外投资流入	减少	3.0
5.	人民生活水平	下降	3.3
6.	社会不平等	加剧	3.3
7.	人口就业	大量失业	2.8
8.	教育水平	下降	3.5
9.	国内人口流动	增加	3.0
10.	人口输出	增加	3.2

权力交接对哈萨克斯坦来说非常重要，这一问题对哈国的发展前景产生了不确定影响（见表2）。与此同时，在专家评估中，精英阶层的关系正按照"对抗"向量发展（见表5）。此外，可以预测，当代精英、新一代精英、财产再分配以及其他要素之间将会呈对抗态势。未来十年精英阶层内部的代际更迭，很可能会导致对抗态势的加剧（见表7）。

表7 您认为，未来十年贵国精英阶层内部的代际更替会带来什么？

序号	选项	占比（单位：%）
1.	财产再分配	53.0
2.	当代精英和新一代精英阶层之间的对抗	51.0
3.	最高国家权力制度的变化（治理形式）	24.4
4.	推行自由的政治经济改革	18.4
5.	在保持政治制度现状的同时，经济实现一定的自由化	18.4
6.	在当前精英阶层的领导下，新一代精英阶层在权力和商业体系中会占据低位	16.3
7.	国家对外政策发生转变，优先考虑某一外交伙伴	12.2
8.	国家对外政策发生转变，在同其他国家开展合作时保持最大开放程度	8.2
9.	国家对外政策发生转变，与其他国家平等拉开距离	2.0
10.	未发现有积极预测	2.0
11.	边境变化	2.0

我们也不排除哈萨克斯坦改变对外政策的可能性。大部分专家认为，未来十年，俄罗斯（46.9%）和中国（42.9%）可能会成为哈萨克斯坦的主要对外伙伴。4%的受访专家认为存在不确定因素，因为哈国未来可能会有几个合作伙伴。另有2%的专家

认为，合作伙伴也可能是美国。

哈萨克斯坦专家认为，在中亚各国中，哈萨克斯坦未来十年将与吉尔吉斯斯坦（59.1%）和乌兹别克斯坦（34.7%）两国保持密切的伙伴关系。

（二）乌兹别克斯坦

与哈萨克斯坦专家一样，大多数乌兹别克斯坦专家（47.1%）对未来十年的国家发展持乐观态度。29.4%的专家对未来持有不确定的态度。23.5%的专家对乌兹别克斯坦的未来感到悲观（见图5）。

值得注意的是，无论是乐观预期，还是悲观预期，都与经济因素有关（见表13）。与哈萨克斯坦的情况一样，政权交接问题导致了专家持有不确定的态度。

表8 请指出最能决定您对贵国未来发展的态度的主要因素

序号	主要因素	占比（单位：%）
1.	结构转型、现代化、经济多元化	47.0
2.	国家经济形势不稳定 经济持续停滞和生活水平下降 经济发展缓慢	23.5
3.	权力的人格化 权力领域缺乏替代方案和连续性机制	23.5

总的来说，除了结构转型、现代化和经济多元化因素外，专家对乌兹别克斯坦未来发展的乐观期望也与以下因素有关（见表9）。

表9 专家对乌兹别克斯坦未来发展的乐观期望成因

序号	成因	占比（单位：%）
1.	经济发展 经济增长 人民生活水平提高	17.6
2.	社会发展	11.8
3.	人口因素	11.8
4.	资源潜力	11.8
5.	政治稳定	5.9
6.	青年	5.9
7.	信息技术	5.9
8.	有国际经验的专家数量有所提高	5.9
9.	政府政策的可预测性，对于来自外部市场和劳动力（移民）市场的挑战保持相对独立性	5.9
10.	安全是发展的主要理论学说	5.9
11.	该地区的关键作用	5.9
12.	实施"理性孤立主义"政策和与世界权力中心等距离的政策	5.9
13.	扩大国际合作	5.9

如果在哈萨克斯坦，人口因素产生的是消极影响，那么对于乌兹别克斯坦来说，情况恰恰相反，人口因素带来的是正能量。

与哈萨克斯坦一样，资源潜力和青年两个因素是乌兹别克斯坦未来发展的积极因素。政治稳定这一因素也发挥着重要作用。

专家还提到了"理性孤立主义"、与世界权力中心等距离和安全三个问题。这三个因素是牵涉乌兹别克斯坦未来发展的主要理论学说，将在该国发挥关键作用。

除了表8中列出的因素，表10也列出了影响专家悲观情绪的负面因素。除经济问题之外，专家们对威胁到区域安全的因素也深感不安。阿富汗局势的恶化会直接影响乌兹别克斯坦的局势。因此，乌兹别克斯坦专家强调，应强化国内的强力部门。

表10　专家对乌兹别克斯坦未来发展的悲观期望成因

序号	成因	占比（单位：%）
1.	区域安全领域的威胁（包括恐怖主义、宗教极端主义）	11.8
2.	阿富汗局势恶化	5.9
3.	腐败	5.9
4.	堪忧的局势，社会、教育、科学、健康领域的退化	5.9
5.	政治不稳定	5.9
6.	政治文化和法律文化程度低下	5.9

（续表）

序号	成因	占比（单位：%）
7.	强化国内强力部门	5.9
8.	城乡差距	5.9
9.	地方主义	5.9
10.	乌兹别克斯坦缺乏认同感；分裂性	5.9
11.	国家缺乏对权力的集中，缺乏法律领域的统一	5.9
12.	在大部分国民和有影响力的群体眼中，国家（政体）具有非法性	5.9

值得注意的是，除了政治稳定因素外（见表9），专家还提到了政治不稳定因素。政治不稳定因素或者让专家做出了悲观预期，或者让他们抱有不确定的态度。

此外，乌兹别克斯坦与邻国关系的不确定性，也造成了专家对未来的发展前景持有不确定的态度。

专家认为，从中期来看，乌兹别克斯坦的发展将主要呈现出以下几个趋势：

经济和政治制度的持续自由化；

在保持政治制度现状的同时，实现经济自由化；

最大限度维持政治制度和国民经济的封闭性；

强化政治制度和国民经济中的专制倾向；

不稳定因素在政治制度和国民经济中的增加。

因此，不要指望乌兹别克斯坦未来十年的政治制度和国民经济会发生重大变化。但是，不排除出现以下发展趋势：

政治制度的最大民主化；经济增长；

在政治制度最低限度民主化的情况下，保持经济快速增长；

在强化政治制度专制倾向的情况下，保持经济最低限度增长；

在适度改变政治制度的情况下，保持经济缓速增长。

乌兹别克斯坦社会政治和社会经济发展的潜在向量，专家在表11与表12所列出的各个因素中进行了评估。

在社会政治方面，专家发现以下因素呈积极上升的趋势：政治稳定程度、精英阶层间的关系、民众情绪、种族关系和宗教关系。

与此同时，以下因素呈现消极发展的趋势：政治制度、国家管理水平、国家机构腐败程度、公民社会的发展水平和人民的政治参与度。

表11 社会政治发展

序号	因素	发展情况	分数
1.	政治制度	独裁制	3.6
2.	政治稳定程度	有力保障	3.8
3.	精英阶层间的关系	协商一致	3.4
4.	国家管理水平	下降	2.9
5.	国家机构的腐败程度	上升	3.8
6.	公民社会的发展水平	国家监管	3.8

(续表)

序号	因素	发展情况	分数
7.	民众情绪	忠诚	3.3
8.	人民的政治参与度	消极被动	3.5
9.	种族关系	和睦	3.7
10.	宗教关系	和睦	3.3

在社会经济方面，只有GDP水平具有正向量，所有其他参数都显示为下降和其他负面特征。

表12 社会经济发展

序号	因素	发展情况	分数
1.	GDP水平	上升	3.6
2.	经济结构	原料	3.3
3.	经济关系	垄断	4.0
4.	国外投资流入	减少	3.3
5.	人民生活水平	下降	2.9
6.	社会不平等	加剧	3.8
7.	人口就业	大量失业	2.8
8.	教育水平	下降	3.0
9.	国内人口流动	增加	3.5
10.	人口输出	增加	3.8

总体上，大多数受访专家期待国家第一领导人的换届。他们希望在保持现有政治制度的情况下（见表13），经济实现一定的自由化。

表 13 您认为，未来十年贵国精英阶层内部的代际更替会带来什么？

序号	选项	占比（单位: %）
1.	国家第一领导人的换届	58.8
2.	在保持政治制度现状的同时，经济实现一定的自由化	41.1
3.	财产再分配	23.5
4.	国家对外政策发生转变，在同其他国家开展合作时保持最大开放程度	23.5
5.	推行自由的政治经济改革	23.5
6.	当代精英和新一代精英阶层之间的对抗	17.6
7.	在当前精英阶层的领导下，新一代精英阶层在权力和商业体系中会占据低位	17.6
8.	最高国家权力制度的变化（治理形式）	11.8
9.	国家对外政策发生转变，优先考虑某一外交伙伴	11.8
10.	国家对外政策发生转变，与其他国家平等拉开距离	11.8
11.	保持政治经济制度的现状	5.9

与哈萨克斯坦专家相同，大部分乌兹别克斯坦认为，俄罗斯（35.3%）和中国（29.4%）可能会成为乌兹别克斯坦未来十年的主要对外伙伴。11.8%的受访专家认为存在不确定因素，因为乌国未来可能会有几个合作伙伴。另有5.9%的专家认为，合作伙伴也可能是韩国。

绝大部分专家预测，未来十年，中亚五国当中能够与乌兹别克斯坦保持紧密合作的国家是哈萨克斯坦（82.4%），此外还有吉尔吉斯斯坦（5.9%）和中国（5.9%）。

（三）吉尔吉斯斯坦

与哈萨克斯坦和乌兹别克斯坦两国的专家不同，吉尔吉斯斯坦专家对未来十年本国的前景持乐观态度与持悲观态度的比例相同（各占37.5%）。另有25%的受访专家持不确定态度（见图7）。

吉尔吉斯斯坦奉行的多向量外交政策，能够让国家适应不断变化的外部环境，并与各个国家，尤其是中亚国家保持友好往来。而在对内政策方面，吉尔吉斯斯坦推行进一步民主化和自由化（见表14）的发展政策。这些因素促使专家形成了乐观预期。

与此同时，经济形势恶化和经济发展水平低下导致人民生活水平下降，专家对未来充满悲观情绪。来自恐怖主义和宗教极端主义的威胁，让25%的受访专家感到忧虑。

政治动荡、国内精英阶层之间的对抗、缺乏真正的制衡制度，这三个因素导致专家对未来进行预测时持不确定态度。

表14　请指出最能决定您对贵国未来发展的态度的主要因素

序号	主要因素	占比（单位：%）
1.	多向量的外交政策，让国家能够需要适应不断变化的外部环境 与所有国家，特别是中亚国家的友好关系得到国际社会的认同	31.3
2.	经济形势恶化 经济发展水平低下，国家经济形势不稳定 经济进一步停滞，人民生活水平下降	
3.	对区域安全的威胁（包括恐怖主义、宗教极端主义）	
4.	政治动荡 精英阶层之间的对抗 缺乏真正的制衡制度	25.0
5.	民主化 自由化	

除了表14所列出的因素之外，总的来说，专家对吉尔吉斯斯坦未来发展的乐观期望还可归结于以下因素：

与哈萨克斯坦和乌兹别克斯坦一样，吉尔吉斯斯坦专家对本国未来持乐观态度是基于政治稳定；但与前两个国家不同，吉尔吉斯斯坦专家还突出强调了精英阶层对政治稳定的关注度（12.5%）；

此外，只有吉尔吉斯斯坦把权力精英阶层和管理精英阶层的更迭（12.5%）视为一个积极因素，而不是一个不确定因素；

重视经济发展（12.5%）以及另外一个积极因素，即中国经济是刺激商业发展的来源（6.3%）；

发展社会、教育和科学（12.5%），提高国家的智能潜力（6.3%）；

与哈萨克斯坦和乌兹别克斯坦两国一样，吉尔吉斯斯坦的资源潜力有助于专家对该国未来持乐观预期；

最后一点，加强管控这一因素最终会引起变革（6.3%）。

专家的悲观预期与以下因素有关：

腐败（12.5%）；

国家状况不佳，社会、教育和科学退化，教育系统缺乏关注和投入（12.5%）；

影子经济的比例很高，收入再分配制度效率低下（6.3%）；

世界经济危机（6.3%）；

毒品贩运增加，犯罪率上升（6.3%）；

人权保障恶化，社会整体的消极性（各占6.3%）。

专家对吉尔吉斯斯坦未来预期的不确定性，很大程度上取决于外部政治力量的影响，而首先是来自俄罗斯的影响（18.8%）。

除了自身的预期外，专家在国家中期发展趋势这一问题上意见相左：

在保持政治制度现状的同时，实现经济持续自由化；相反，政治制度和国民经济中的不稳定进程加剧；

政治经济制度的持续自由化；相反，强化政治制度和国民经济中的专制倾向；

在强化政治制度专制倾向的情况下，经济实现持续自由化；

最大限度地维持政治制度和国民经济的封闭性；

在目前情况下，我们所列出的每一种情景预设都可能在中期内发生，一切都将取决于精英阶层是否有意愿彼此达成共识。

所有这一切最终会导致一个结果，即未来十年吉尔吉斯斯坦的国民经济和政治制度中不会出现重大改变。也有可能在维持政治制度现状的过程中，经济将出现下滑。的确，在保持政治制度现状，或保持政治制度某种程度的民主化的情况下，某些专家仍然希望看到经济增长。

吉尔吉斯斯坦社会政治和社会经济发展的潜在向量，专家在表15与表16所列出的各个因素中进行了评估。

在社会政治方面，专家发现以下因素呈积极上升的趋势：政治制度、政治稳定程度、精英阶层间的关系、宗教关系。与此同时，以下因素呈现消极发展的趋势：国家管理水平、国家机构的腐败程度、公民社会的发展水平、民众情绪、人民的政治参与度和种族关系。

表 15　社会政治发展

序号	因素	发展情况	分数
1.	政治制度	民主制	3.3
2.	政治稳定程度	有力保障	2.8
3.	精英阶层间的关系	协商一致	3.0
4.	国家管理水平	下降	3.3
5.	国家机构的腐败程度	增加	3.0
6.	公民社会的发展水平	国家监管	3.6
7.	民众情绪	抗议	3.6
8.	人民的政治参与度	消极被动	3.6
9.	种族关系	紧张	3.1
10.	宗教关系	和睦	3.2

在社会经济方面，吉尔吉斯斯坦仅在经济关系和移民两个方面呈现出积极发展的态势，其他参数呈下降/减少和其他负面特征。

表 16　社会经济发展

序号	因素	发展情况	分数
1.	GDP 水平	下降	3.0
2.	经济结构	原料型	3.0
3.	经济关系	竞争	3.8
4.	国外投资流入	减少	3.3
5.	人民生活水平	下降	3.3

（续表）

序号	因素	发展情况	分数
6.	社会不平等	加剧	3.1
7.	人口就业	大量失业	3.0
8.	教育水平	下降	3.3
9.	国内人口流动	减少	1.8
10.	人口输出	减少	1.8

和乌兹别克斯坦一样，多数受访的吉尔吉斯斯坦专家预计，国家第一领导人的换届会导致代际精英之间的对抗和财产的重新再分配，甚至会改变国家（表17）的外交方针。

表17 您认为，未来十年贵国精英阶层内部的代际更替会带来什么？

序号	选项	占比（单位：%）
1.	国家第一领导人的换届	37.5
2.	当代精英和新一代精英阶层之间的对抗	37.5
3.	财产再分配	31.3
4.	国家对外政策发生转变，优先考虑某一外交伙伴	31.3
5.	推行自由的政治经济改革	25
6.	在保持政治制度现状的同时，经济实现一定的自由化	25

（续表）

序号	选项	占比（单位：%）
7.	在当前精英阶层的领导下，新一代精英阶层在权力和商业体系中会占据低位	18.8
8.	国家对外政策发生转变，在同其他国家开展合作时保持最大开放程度	12.5
9.	最高国家权力制度的变化（治理形式）	6.3
10.	改变国家民族政策，限制国内非本土族裔群体的权利	6.3
11.	保持政治经济制度的现状	6.3

如前所述，中国经济是促进商业发展的动力源头，专家认为中国是吉尔吉斯斯坦发展的正面因素。这并非偶然。中国被吉尔吉斯斯坦专家评为未来十年吉尔吉斯斯坦的重要外交伙伴（50%）。在中国之后，俄罗斯将成为该国的第二合作伙伴（37.5%）。另有6.3%的专家认为，美国和印度也可能成为吉尔吉斯斯坦的合作伙伴。

在中亚各国中，吉尔吉斯斯坦未来十年将优先与哈萨克斯坦保持密切的伙伴关系（87.5%）。另有6.25%的专家认为，优先伙伴关系国也有可能是塔吉克斯坦。

（四）塔吉克斯坦

如图5所示，塔吉克斯坦专家对本国未来十年的发展预期喜忧参半（各占 50.0%）。

专家们的悲观预期首先与权力因素有关，如权力人格化、权力缺乏可替代性、权力过渡机制、独裁制加强（50%），以及腐败、去自由化、国家经济形势不稳定等（16.7%）。

专家们的乐观预期首先与资源基础这个因素有关（33.4%）。其他因素还包括：政治稳定、启动大型基础设施项目、社会和青年的政治积极性上涨以及国家发展过程中呈现出的积极要素（16.7%）。

与此同时，专家认为，从中期来看，塔吉克斯坦主要将呈现出以下发展趋势：

在保持政治体制现状的同时，实现经济持续自由化；

政治经济制度的持续自由化；

强化政治制度和国民经济中的专制倾向。

按照这些因素的发展趋势，塔吉克斯坦专家表示，可以对该国的未来十年做出如下预期：

在保持政治制度现状的同时，保持经济快速增长；

在强化政治制度专制倾向的情况下，保持经济最低限度增长；

在强化政治制度专制倾向的情况下，经济衰退。

塔吉克斯坦社会政治和社会经济发展的潜在向量，专家在表18与表19所列出的各个因素中进行了评估。

在社会政治方面，专家发现以下因素呈积极上升的趋势：种族关系和宗教关系、政治稳定、精英阶层间的关系、民众情绪。与此同时，以下因素呈现消极发展的趋势：政治体制、国家管理水平、国家机构的腐败程度、公民社会的发展水平和人民的政治参与度。

表18 社会政治发展

序号	因素	发展情况	分数
1.	政治制度	独裁制	4.3
2.	政治稳定程度	有力保障	3.3
3.	精英阶层间的关系	协商一致	3.5
4.	国家管理水平	下降	3.3
5.	国家机构的腐败程度	增加	3.8
6.	公民社会发展水平	国家监管	3.8
7.	民众情绪	忠诚	3.8
8.	人民的政治参与度	消极被动	3.8
9.	种族关系	和睦	4.8
10.	宗教关系	和睦	4.5

在经济社会方面，国家的经济结构、经济关系以及移民等向量呈负增长，其他参数呈现正增长的趋势或其他正面特征。

表 19 社会经济发展

序号	因素	发展情况	分数
1.	GDP 水平	上升	3.8
2.	经济结构	原料型	3.4
3.	经济关系	垄断	3.3
4.	国外投资流入	增加	3.0
5.	人民生活水平	提高	3.4
6.	社会不平等	减少	3.4
7.	人口就业	高就业	2.8
8.	教育水平	提高	3.2
9.	国内人口流动	增加	3.0
10.	人口输出	增加	2.5

2/3 的塔吉克斯坦受访专家认为，保持政治体制现状的前提下，精英阶层的内部代际更迭会使经济实现一定的自由化（见表 18 与表 19）。其他的国家发展趋势也值得我们关注：国家第一领导人的换届、精英阶层之间的代际对抗以及外交方针的变化。

表20 您认为,未来十年贵国精英阶层内部的代际更替会带来什么?

序号	选项	占比（单位：%）
1.	在保持政治体制现状的同时,经济实现一定的自由化	66.7
2.	国家第一领导人的换届	33.3
3.	财产再分配	33.3
4.	国家对外政策发生转变,在同其他国家开展合作时保持最大开放程度	33.3
5.	国家对外政策发生转变,优先考虑某一外交伙伴	16.7
6.	推行自由的政治经济改革	16.7
7.	最高国家权力制度的变化（治理形式）	16.7

总的来说,塔吉克斯坦未来十年主要的外交伙伴是中国（83.3%）。另有专家认为,塔吉克斯坦的外交伙伴也可能是伊朗（16.7%）。

在中亚国家中,塔吉克斯坦未来十年将同时与哈萨克斯坦、吉尔吉斯斯坦（各占33.3%）两国保持密切的伙伴关系。塔吉克斯坦也将与阿富汗保持往来（16.7%）。

（五）土库曼斯坦

与塔吉克斯坦的专家一样,土库曼斯坦专家对本国未来十年的发展预期同样喜忧参半（各占50.0%）（见图5）。

而且，专家的预期结果实际上也是由于相同的因素造成的，只是比例不同。其中既有就业状况的改善，又有失业率的上升；既有贫困状况的好转，又有经济形势的恶化。此外，专家的悲观预期与腐败、权力人格化、缺乏权力连续性机制、强化专制制度等因素有关。

其中"强化专制制度"这个因素影响了土库曼斯坦中期的发展趋势。国家会最大限度地维持政治制度和国民经济的封闭性，并会加强政治制度和国民经济中的专制倾向。

尽管如此，专家们还是预测到，土库曼斯坦未来十年的局势会呈现出以下特点：一方面，在强化政治制度专制倾向的情况下，经济出现下滑趋势；另一方面，在保持政治制度现状的情况下，经济实现快速增长。

土库曼斯坦社会政治和社会经济发展的潜在向量，专家在表21与表22列出的各个因素中进行了评估。

在社会政治方面，专家发现以下因素呈积极上升的趋势：政治稳定程度、精英阶层间的关系、国家管理水平、民众情绪和种族关系。与此同时，以下因素呈现消极发展的趋势：政治制度、国家机构的腐败程度、公民社会的发展水平、人民政治参与度和宗教关系等。

表21 社会政治发展

序号	因素	发展情况	分数
1.	政治制度	独裁制	4.5
2.	政治稳定程度	有力保障	4.0
3.	精英阶层间的关系	协商一致	4.0
4.	国家管理水平	上升	4.0
5.	国家机构的腐败程度	增加	4.5
6.	公民社会发展水平	国家监管	4.5
7.	民众情绪	抗议	3.0
8.	人民的政治参与度	消极被动	3.0
9.	种族关系	和睦	5.0
10.	宗教关系	紧张	1.5

在社会经济方面，国家的经济结构、经济关系以及移民因素呈负面发展的趋势，其他参数都呈现出增长/上升以及其他的正面特征。

表22 社会经济发展

序号	因素	发展情况	分数
1.	GDP水平	上升	3.8
2.	经济结构	原料型	3.4

（续表）

序号	因素	发展情况	分数
3.	经济关系	垄断	3.3
4.	国外投资流入	增加	3.0
5.	人民生活水平	提高	3.4
6.	社会不平等	加剧	3.4
7.	人口就业	高就业	2.8
8.	教育水平	提高	3.2
9.	国内人口流动	增加	3.0
10.	人口输出	增加	2.5

专家认为，精英阶层的内部代际更迭可能会导致国家最高权力体系（治理形式）的变化，也会加剧当代精英和新一代精英阶层间的对抗（50%）。这些因素将引起财产的再分配；而在当代精英阶层的领导下，新一代精英阶层在权力和商业体系中会占据低位。

总的来说，对于土库曼斯坦而言，未来十年的重要外交伙伴既可能是中国，也可能是俄罗斯（二者各占50%）。

在中亚国家中，未来十年土库曼斯坦将只与哈萨克斯坦保持密切的伙伴关系。

二、区域模块

如果说大多数专家对本国的未来主要持乐观态度（见图5），那么对整个中亚未来的预期则更加悲观（34.4%）和不确定（41.2%）（见图6）。

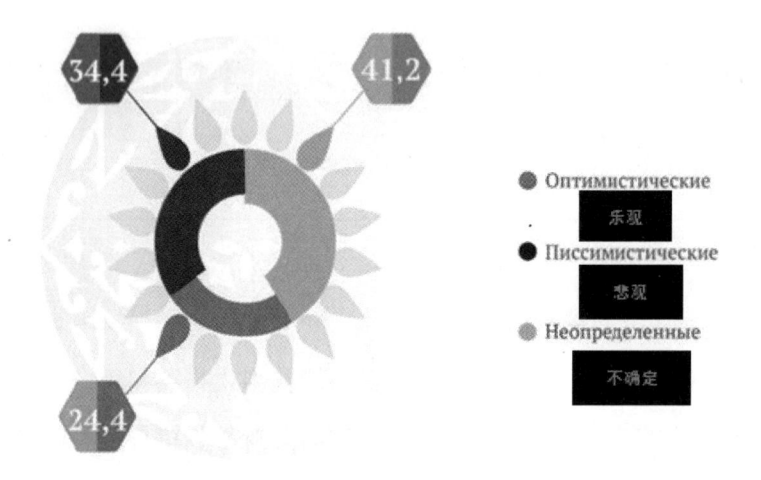

图6 您对中亚地区的未来十年有何期许？（单位：%）

正如我们所看到的，在国家预期剖面图中，只有来自塔吉克斯坦的专家表现出最大的乐观情绪（见图7）。

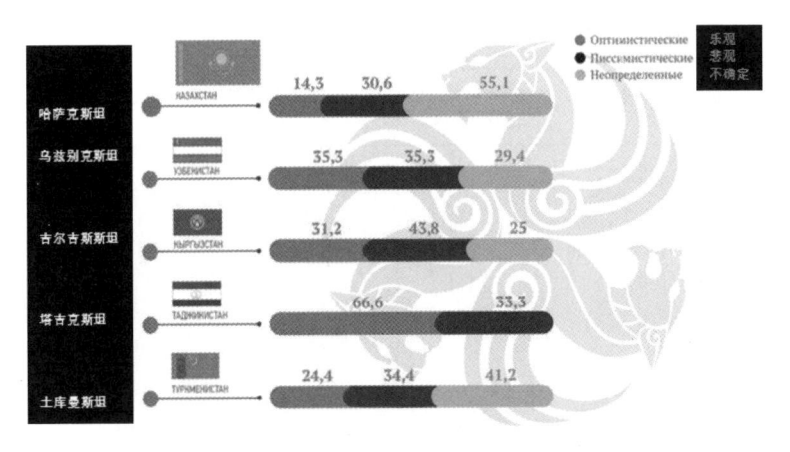

图7　您对中亚地区的未来十年有何期许？（按国家，单位：%）

影响专家预期的因素，见表23与表24。可以看出，影响专家对该地区未来持悲观预期的主要因素是地区安全威胁、恐怖主义和宗教极端主义。

该地区还存在经济问题，而且各国之间由于缺乏信任、缔约能力不足和对开启对话准备不足，导致合作水平低。与此同时，积极因素并未超过消极因素（见表23）。

表23　请指出最能决定您对该地区未来发展的态度的三个主要因素

悲观预期的因素	占比（单位%）	乐观预期的因素	占比（单位%）
恐怖主义、宗教极端主义威胁增加 区域安全威胁 阿富汗因素	25.6	中亚国家加大联合打击跨界威胁的力度 区域安全	2.2

（续表）

悲观预期的因素	占比（单位%）	乐观预期的因素	占比（单位%）
经济形势恶化 经济危机 经济发展水平低下 经济增长下降 保守、低效的经济模式 原料型经济	21.1		
领导人的自我中心主义 区域国家间的复杂关系 缺乏信心 国家间合作水平低下 缺少稳定的合作伙伴 无意愿或对进一步深入对话准备不足 管理精英阶层的缔约能力低下 区域国家缺少协调政策 意见分歧	21.1	中亚国家间的关系得到改善 在多边组织框架内就共同问题开展伙伴合作 遵循国家间伙伴关系的必要性 彼此相邻（没有其他邻国）	5.6
水资源，水能问题悬而未决	17.8	解决水资源纠纷	1.1

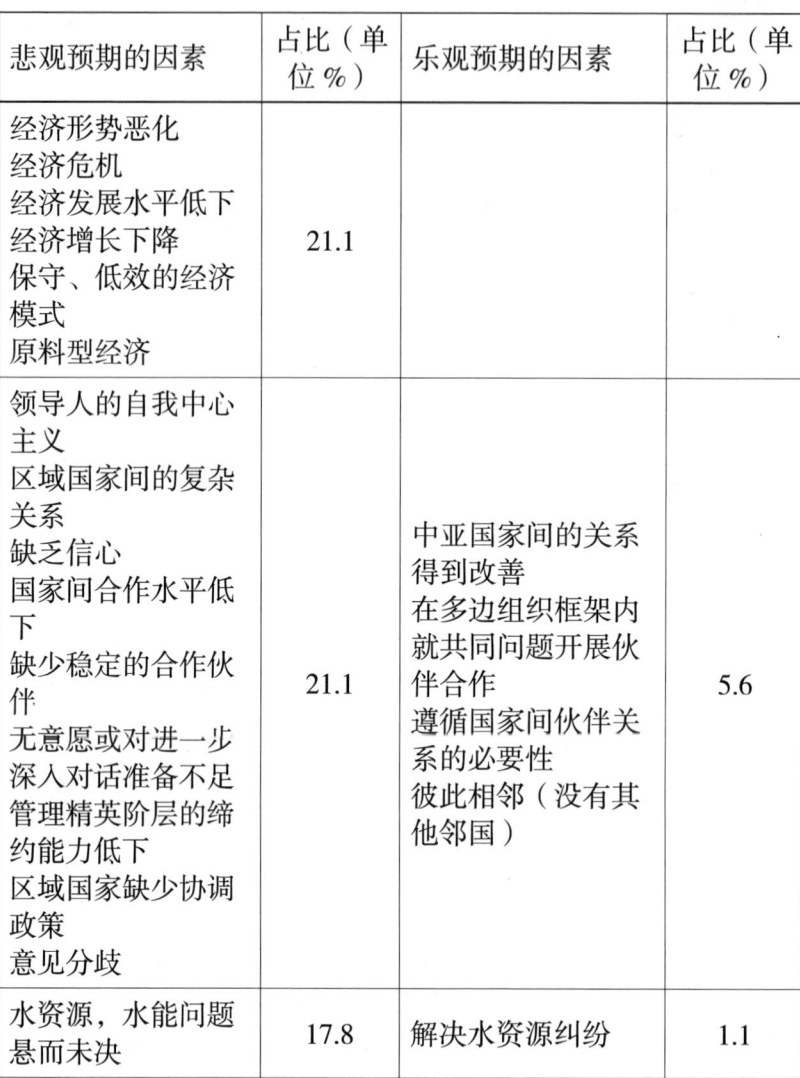

（续表）

悲观预期的因素	占比（单位%）	乐观预期的因素	占比（单位%）
一体化进程缺乏经济条件 经济发展的各种模式 各国之间的经济和社会合作水平低 在政治经济改革模式中，该地区国家太过分散 该地区各国之间的不平衡日益加剧 中亚各国社会经济发展的速度与机遇不同	11.1	区域发展的客观历史规律 全球化背景下的区域化 中亚国家一体化 新的一体化项目	7.8
领土争端，边境问题	8.9	解决领土争端和边境问题	3.3
专制独裁	8.9	政治制度自由化民主化	3.3
人民福祉水平下降 社会不平等加剧 社会局势紧张	6.7	经济增长	4.4
政治不稳定 国家从上到下缺乏使政治制度现代化的意志	6.7	区域内各国的政治变化	1.1
人口增长过快 人口增长导致生活质量下降	5.6		

（续表）

悲观预期的因素	占比（单位%）	乐观预期的因素	占比（单位%）
腐败	5.5		
处境艰难，教育、科学衰退	4.4		
贩毒	2.2		
国家的离心倾向	2.2	从离心倾向转为向心倾向	1.1
贸易互通水平低下	1.1	扩大经贸联系	4.4
缺乏发达的基础设施	1.1	建立新的区域跨境运输和物流基础设施	2.2
文化差异加剧	1.1	中亚地区人民的宗教信仰相近文化和历史遗产	3.3

专家对中亚未来持不确定态度，主要与该地区的地缘政治位置有关。中亚各国未来精英阶层的更替，也给该地区带来很大的不确定性（见表24）。

表24 请指出最能决定您对该地区未来发展的态度的三个主要因素

序号	不确定因素	占比（单位: %）
1.	地缘政治现实 完成地缘政治转型 外部政治力量对该地区更加积极（通常为消极）的影响 主要势力互相争夺影响力 该地区依旧是受压对象，而不是一个独立的主体	23.3
2.	精英阶层更替 第一领导人的换届 至少两个国家的国家元首换届，这将引起一些新现象的出现 新一代政治家上台	21.1
3.	新一代具有民族主义思想的政治家掌权 该地区各国经济形势恶化，民族主义上升	7.8
4.	伊斯兰因素的影响力加强，进一步推动社会的伊斯兰化	3.3
5.	该地区各国有不同的外交指导方针 倾向与区域外政治力量开展合作	2.2
6.	处于边缘的公民人数增加	2.2
7.	在大部分居民和有影响力的群体眼中，国家具有非法性 缺乏国家对权力的垄断，法律领域缺乏统一性	2.2
8.	因为没有这样的地区 国家的人为性	2.2
9.	种族冲突	2..2

（续表）

序号	不确定因素	占比（单位：%）
10.	该区域各国之间可能爆发战争或武装冲突	1.1
11.	移民	1.1
12.	生态	1.1
13.	很难预测到政治经济领域的变化	1.1

之前，有专家指出，中亚各国之间的合作水平较低（见表23）。而根据大多数专家的观点，未来十年中亚各国仍将维持当前的关系水平（28.9%）（表25）。但专家期望各国能够通过合作解决某些重要的区域问题（17.8%）。与此同时，不排除某些国家之间关系恶化的可能性（15.6%）。

表25　在您看来，未来十年中亚国家之间的关系形态会有多大变化

序号	选项	占比（单位：%）
1.	维持该地区各国关系的现状	28.9
2.	中亚各国协调一致，共同解决一些重要的区域问题	17.8
3.	在一些国家持中立立场的情况下，其他国家的关系严重恶化	15.6
4.	在多边和双边基础上改善合作的性质和形式	10

（续表）

序号	选项	占比（单位：%）
5.	在第三国的参与下，该区域各国按照组别（区块）互相划清界限	10
6.	建立中亚国家一体化组织	7.8
7.	该区域各国按照组别（区块）互相划清界限	4.4
8.	在对某些外部力量持中立态度的同时，整合其他外部力量	1.1
9.	改变区域状况和当前边界	1.1
10.	为了实现共同利益而需要牺牲个人利益时，一切都将取决于中亚各国的管理精英是否会做出妥协	1.1

正如国家区块所示，专家们对中亚各国的未来充满悲观情绪，首先与社会经济问题有关（见表1等）。专家预测，整个地区也会出现类似的风险，如社会紧张局势普遍显现（37.8%），世界经济的不利局面导致该地区经济下滑（36.7%）（见表26）。

表26　在您看来，未来十年中亚可能面临哪些风险？

序号	选项	占比（单位：%）
1.	社会紧张局势普遍显现	37.8

（续表）

序号	选项	占比（单位：%）
2.	世界经济的不利（危机）局面导致中亚地区经济下滑	36.7
3.	该区域个别国家之间的武装边界冲突	32.2
4.	恐怖主义和极端主义从中东"热点"地区转向中亚	30.0
5.	恐怖主义和极端主义的大规模显现	26.7
6.	移民输出不受控制	21.1
7.	跨境犯罪率上升	15.6
8.	来自其他国家的扩张主义行动	15.6
9.	该区域个别国家的民族分裂主义显现	12.2
10.	种族间的紧张局势普遍显现	12.2
11.	阿富汗武装冲突蔓延到中亚地区	10.0
12.	中亚国家被卷入其他国家之间的冲突	4.4
13.	风险源头主要来自区域内部，但并不突出	1.1
14.	统治精英阶层"自然"更替的同时，政治经济制度出现不稳定的风险	1.1

其他最有可能出现的风险包括：该地区个别国家之间的武装边界冲突（32.2%），恐怖主义和极端主义从中东"热点"地区转向中亚（30.0%），恐怖主义和极端主义的大规模显现（30.0%）等。

尽管有10%的受访专家持怀疑态度，但其他专家预计，未来十年中亚地区的过境潜力（包括在丝绸之路经济带和欧亚经济联盟框架内）将得到提升，区域一体化和区域协作将得到进一步发展（见表27）。

表27　在您看来，未来十年中亚会有哪些发展机遇？

序号	选项	占比（单位：%）
1.	开发该地区的过境潜力、运输和物流潜力，建立过境运输走廊（包括在丝绸之路经济带和欧亚经济联盟框架内）	28.9
2.	区域一体化，区域内互补合作 必须建立商品统一市场 开发协作关系系统 改善合作形式	13.3
3.	没有预见到任何机遇 国家不知道如何利用机遇	10.0
4.	在欧亚经济联盟框架内的合作	7.7
5.	最重要的变化将是精英阶层的更替 可能实施经济以及对内和对外政策制度的现代化进程；相应地，为进一步发展赢得了新机遇 精英阶层的更替，代表了一个改变该地区局势的绝佳机会，但这个机会很可能会失去	6.7
6.	外部投资增长	5.6

（续表）

序号	选项	占比（单位：%）
7.	经济增长 经济发展 经济现代化，实际就业水平和收入水平提高 劳动生产率提高 中亚国家福利待遇提高	5.6
8.	开发新技术	3.3
9.	生态农业，大规模开垦草原和沙漠地区	3.3
10.	发展能源项目，开发替代能源	2.2
11.	新机遇 与亚洲国家的合作前景	2.2
12.	与欧盟的合作	2.2
13.	在上海合作组织和集体安全条约组织框架内开展的合作	1.1

此外，我们请专家按照5分制系统（从1到5，其中1为最小值，5为最大值），评价表28中所列国家对该地区的影响程度。如果在国家区块中优先考虑的是俄罗斯和中国，那么按各国在中亚的影响程度来看，俄罗斯和中国两个国家对该地区的中期影响力仍然较大。对中亚地区影响力最小的国家是巴基斯坦和阿联酋。

表28 请评估未来中期以下国家对中亚地区的影响度

序号	国家	分数
1.	俄罗斯	4.4
2.	中国	4.6
3.	美国	2.9
4.	欧盟	2.5
5.	土耳其	2.4
6.	伊朗	2.1
7.	沙特阿拉伯	1.6
8.	印度	1.5
9.	巴基斯坦	1.4
10.	阿拉伯联合酋长国	1.4

同样，我们请专家按照5分制系统（从1到5，其中1是最小值，5是最大值），评估表29中列出的国际组织对该区域的影响程度。同样，根据影响程度，高于评估平均值的组织有上海合作组织、集体安全条约组织和欧亚经济联盟（见表29），且上述国际组织都有中国和俄罗斯的参与。伊斯兰合作组织和突厥语国家合作委员会的影响力最小。

表29 请评估未来中期以下国际组织对中亚地区的影响度

序号	国际组织	分数
1.	上海合作组织（ШОС）	3.4
2.	集体安全条约组织（ОДКБ）	3.0
3.	欧亚经济联盟（ЕАЭС）	3.3
4.	联合国（ООН）	2.6
5.	欧洲安全与合作组织（ОБСЕ）	2.1
6.	独立国家联合体（СНГ）	2.0
7.	北大西洋公约组织（НАТО）	1.8
8.	亚洲相互协作与信任建设措施会议（СВМДА）	1.7
9.	突厥语国家合作委员会（ССТГ）	1.6
10.	伊斯兰合作组织（ОИС）	1.6

如前所述，专家对中亚地区未来十年的预测结果有区域一体化与区域协作（见表27）。

为了实现区域协作，中亚国家首先应该为相互间的贸易和投资合作创造有利条件（58.9%），推动区域各国之间的划界标界进程，解决所有争议问题（47.8%），建立水能联合会（45.6%）。上述建议以及专家提出的其他建议见表30。

表30 在您看来，为开展区域合作，中亚国家应该在中期内采取什么措施？

序号	措施	占比（单位:%）
1.	为相互间的贸易和投资合作创造有利条件	58.9
2.	推动区域各国之间的划界标界进程，解决所有争议问题	47.8
3.	建立水能联合会	45.6
4.	就区域安全保障问题建立国家间合作机制	35.6
5.	举行一系列双边和多边谈判，确定主要矛盾和解决这些矛盾的可能途径	34.4
6.	仿照之前成立的中亚合作组织，创建国家间一体化组织	17.8
7.	在共同参与各种国际组织的活动时，确保行动上协调一致	10.0
8.	推进拯救咸海国际基金会的工作	3.3
9.	无法采取任何措施，一切努力都是徒劳的	3.2

此外，专家还提出了以下几点建议：

针对合作进程，必须从提供分析支持做起；

中亚元首常务理事会，每年举行若干次会晤；

防止政治上的循环往复，保护本国教育、卫生和科学体系；

学会相互理解，共同协作。

因此，专家调研结果显示，当前及未来中期中亚地区的发展形势取决于一系列因素，大致可归结为三大类。

第一类因素是外部因素。其中最重要的因素包括：

区域安全受到威胁，其中恐怖主义和宗教极端主义的蔓延会加剧这种威胁；

地缘政治因素。地区外部势力争夺对该地区的影响力。

与此同时，在当前阶段以及未来十年，区域组织（上海合作组织、集体安全条约组织）和欧亚经济联盟将继续发挥其在中亚地区的重要作用。此外，哈萨克斯坦是唯一一个中亚其他各国均想与之保持伙伴关系的国家，该国也将在该地区占有一席之地。

第二类因素是内部因素。内部因素又分为区域内因素和各国内部因素。

区域内因素。如研究结果所示，区域内因素首先是水源问题和边界问题，以及该地区国家间相互关系的水平和性质问题，甚至还包括国家间的冲突风险问题。

各国内部出现的因素是由某种不确定性导致的。这种不确定性与掌权的精英阶层的更替问题和权力交接问题、严重的腐败问题、经济发展问题以及社会经济的发展特性导致的社会紧张程度加剧等问题有关。

区域发展的情景预设

作者清楚地认识到，研究未来可能发生的情景，只是为后续进行详细的预测和分析、确定中亚在未来发展的过程中可能遇到的机遇和风险所做的基础性工作。而下一步的研究工作，则是专门的国家机关的任务（其任务还包括研究国家的战略问题）。

未来是无法预知的。但某些大范围的长期发展趋势和发展情况，原则上讲目前是可以区分出来的。分析这些趋势有助于应对未来即将出现的变化（在这种情况下，专业领域常用的方法——"未来带入现实法"——将有助于我们的研究）。我们的研究任务是，仅在一些明显的新变化中，展示各种发展模式，发现各类机遇和风险。

考虑到报告引言部分所提到的中亚[①]未来发展的困境，我们

---

① 中亚地区未来发展面临的两大难题是：代际更替（包括政治"统治集团"）将如何影响中亚国家的政治生活？该地区及其周边的现有进程是否会促进中亚国家的经济增长？

在情景模拟研究过程中采用了"两轴方案"。①我们选择经济增长和社会政治生活向量作为评估轴的主要参数。正如专家访谈结果（见上一节）所示，这些参数将在很大程度上营造出中亚地区的未来环境，并确定该地区发展的机遇和风险。

同时，根据专家的评估结果和访谈数据，我们把两个关键要素——政治自由化②和经济增长——作为情景模拟的决定性参数。这两个关键要素也影响到了专家的主导预期方向。

这些参数用于制作模型的轴，位于轴上的不同"极"和不同组合决定着未来可能出现的情景。在此基础上，我们设计了专家的评估和期望，通过分析大量关于中亚的研究材料得出了结论，并为后续的分析工作积累了逻辑连贯的资料。

作者划分出了三种基本情景：

---

① 上述研究方法是一种图例说明式的方法，而非预测性研究方法。通常情况下，图例法能够得出较好的结果。两轴法最适合应用于中长期的战略管理预测，它能帮助我们认识到，在不同的环境中某种战略管理是否具有稳定性。该方法预设的情景通常涵盖未来10—20年的发展。两轴法针对特定的利益区域生成四种对比情景，在两轴中的每一个轴上设定能够影响问题未来走向的重要因素。两个轴以四个象限的形式相交。两轴上的因素应该是"影响较大，同时具有较高的不确定性"，从而确保两轴相交所形成的四个象限被明确区分开。然后，四个象限将成为情景的描述部分，反映除两轴上所呈现的事件和趋势之外的其他事件和趋势所产生的影响。

② 在这种情况下，需要我们分析研究政治制衡制度的发展、权力下放、精英体制、高效的国家机构、加强法律的作用、提高言论自由等问题。

一、情景模拟轴——中亚地区的政治经济发展

图 8 情景模拟轴示意图

情景一：黄金时代 2.0。把中亚地区经济增长和政治生活中的积极变化组合到一起。

情景二：繁荣专制。在保持中亚国家政治现代化的前提下，把专制制度与经济增长（寻找新的发展点和拓展收入来源）组合到一起。

情景三：新中世纪？在中亚各国政治生活封闭化的条件下，

把持续的经济低迷（中亚并非每个国家都能找到新的收入来源）与发展危机组合到一起。

政治自由化与经济衰退的情景组合，会让国家动荡不安，完全丧失生命力。

当下所发生的变化告诉我们，未来的世界将会彻底改变。如果本世纪的前25年，中亚国家的主权历史是在消极追随后苏联模式（包括经济模式、精英阶层、精英阶层世界观、教育、社会结构等等），那么，借助当前新兴的全球大趋势和不断壮大的新生力量（他们的观点、价值观、志向等），中亚地区将要迈入一个全新的历史阶段。

中亚正日益向世界开放，成为全球积极化进程的一部分。中亚各国的内部潜力和机遇以及国与国之间的合作程度，将决定它们在世界经济和国际事务中的地位。

未来，在急速变化的世界中，中亚将会接受更大的考验。该地区的局势正发生根本变化。未来几年，该地区将会赢得更多的机遇，不过也会面临更大的挑战。

显然，当下原料超级周期已然结束，世界经济增长的结构正在发生根本性变化。①20年前或30年前，主要风险来自于缺乏自

---

① Norbert Rucker:《原料市场从超级同期向全新的常态化艰难转型》, 2016, Vedomost,（https://www.vedomosti.ru/economics/blogs/2016/01/14/624033-sirevomu-rinku-supertsikla-normalnoe）。根据本书观点，完结

然资源，但人类可以借助技术更有效地发掘和开采资源。未来十年，中亚各国将面临的迫切需求是摆脱经济的原材料模式并寻找新的增长来源。

未来十年，中国将继续影响中亚经济。因此，根据预测，到2030年，本已对中亚经济产生重大影响的中国将引领全球经济的发展。[①] 这可能从根本上改变中亚地区的发展模式。

中国作为全球大型经济体，在全球政治力量当中处于一个崭新的地位。对于中亚来说，这既是严峻的战略挑战，同时也是一个重大的机遇。在这种情况下，中亚各国本身对新局势的解读、采取的政策和体现的意向将发挥重要作用。

根据预测，未来十年，亚洲在一系列世界影响力指标上（人口数量、GDP、技术投资和军费开支）可以超越欧洲和北美。预计，

超级周期仍然是原料市场上目前正在进行的主要进程。21世纪初，中国对自然资源需求的快速增长，奠定了原材料超级周期的基础，并使后来十多年的商品价格飞速上涨。中国自然资源长期不足导致供求失衡。目前的原材料超级周期已进入最后阶段，其特点是投资急剧下降、产量下降以及供应增速放缓。

① 根据预测，未来十年，中国将面临一个严重问题：中国的经济增长在地理上分布不均。沿海地区城市发展迅速，中部地区城市由于与国际市场对接的机会较少，因此发展相对较差。这一问题将会随着中国城镇化进程的不断发展变得更加尖锐。因此，对于中国而言，中亚大陆桥在连接中国与欧亚市场方面的重要性将会愈加凸显。资料来源：STRATFOR：Decade Forecast：2015-2025。www.worldview.stratfor.com/forecast/decade-forecast-2015-2025.

亚洲国家的强势崛起，将恢复整个亚洲的力量，削弱西方国家的控制。①

对于中亚而言，亚洲的崛起意味着新的机遇。不过，中亚也将受到新一轮全球经济增长"漩涡"的影响。同时，中亚地区拥有独特的地理位置，处在强大的当前和未来增长中心地带之间。从西方到东方的经济活动已经开始活跃起来。适当地融入这一进程，将为中亚创造大量全新的增长机会。

问题在于，中亚国家是否有能力把握住历史新机遇来发展本地区的经济。

据美国专家预测，当今世界的美式和平模式最终将在21世纪20年代中期终结。专家认为，美国不太可能完全丧失国力，其会被新兴大国所带来的不断增长的机遇所平衡。②

这种全新的国际形势，会直接反映在中亚地区的局势上。自上世纪90年代中亚国家主权发展的初始，美国就在该地区的发

---

① M. 巴勒斯：《未来—解密：2030年的世界会是怎样》. 马恩、伊万诺夫和费伯尔，2015年，第352页。

② 未来10到15年，美国将在国际舞台上发挥什么作用尚不清楚。最重要的问题之一是，美国是否能够与新伙伴开展合作，并重新调整国际体系。尽管美国的国际合作水平会相对较低，但美国的分量很可能会增加。美国未来在国际体系架构中的作用很难预测，美国的主导地位可能会有很大变动。National Intelligence Council：《Global Trends 2030: Alternative Worlds》,2012,ODNI,（www.dni.gov）.

展上起到了一定作用。其在中亚实施各种区域项目（大中亚、新丝路、北方配电网），建立对话机制（例如，C5+1）。

显然，并非全部倡议都取得了成功或达到了各自的目标。重要的是另外一点，即中亚地区各国有机会建立区域内合作。这也是发展区域认同感和开展对话的成熟经验。不管怎样，美国专家自己也承认，美国在中亚的角色将发生改变，到目前为止，没有证据显示，美国政府会努力维持其在该地区的原有立场。（他们也承认，中亚对美国来说原则上并非举足轻重。）

据估计，今天的中亚正朝着新的方向发展。我们可以同意这样一个结论：该地区正在发生重大的地缘政治转型，转型带来的结果是该地区与欧洲大西洋集团的关系将发生变化。同时，中国的影响力和重要性也会得到增强。中国正成为该地区地缘政治和经济发展最重要的推动力。中国在中亚的经济存在迅速增强。中国进一步扩大其在欧亚大陆影响力的大规模计划，将在经济和政治上产生重大影响。

这些预测很好地反映了该地区不断变化的形势。由于诸多因素，俄罗斯的作用肯定仍然是举足轻重的（参与本研究访谈的大多数中亚专家都注意到了这一点），但这种作用也将不可避免地发生变化。俄罗斯参与中亚事务的程度，将在很大程度上取决于俄罗斯联邦本身的经济增长水平、政策以及优先发展方向（未来十年俄罗斯精英阶层也将更新，这将极大地影响该国的发展）。

未来中亚地区将要出现的较大变化体现在：中亚局势将受到俄中关系结构的极大影响（包括他们针对该地区所推行的联合政策或同步政策）。这种局面将在未来十年内形成。

此外，未来十年，区域内动态可能影响到区域外局势，并威胁到全球安全。根据预测，中东和南亚是不稳定因素最有可能增长的地区。未来10—15年，南亚很可能将面临一系列内外冲击。经济增长缓慢、社会状况复杂、能源短缺将给巴基斯坦和阿富汗带来挑战。①南亚地区将会不断刺激中亚的局势。

中亚未来将与新的亚洲巨人为邻，并与失势的大国合作。后者在未来数十年内将使用一切可能的手段，按"谁是主人"的原则来理清关系。亚洲人口的持续增长（到2030年，亚洲人口将超过49.4亿人，占全球总人口的57.9%）②也将威胁到领土面积较大，但人口相对较少的中亚国家。亚洲国家存在着明显的移民困境和人口挑战。

因此，中亚将极有可能面临来自南部区域的移民压力。再加上亚洲强大的地缘政治漩涡，这些因素将影响到中亚地区不同的宗教文化发展和军事环境。在新的战略条件下，中亚不得不在地

---

① National Intelligence Council：《Global Trends 2030: Alternative Worlds》,2012,ODNI,（www.dni.gov）.

② 叶卡捷琳娜·谢赫巴科瓦：《到本世纪末，全球60%的人口居住在亚洲》, 2017年, 半镜周刊,（www.demoscope.ru/weekly/2017/0735/barom02.php）。

缘政治影响中心地区（其能力大幅增强）之间左右逢源，灵活应对中国、印度、印度尼西亚、土耳其等国。这并非易事。

总的来说，中亚未来发展前景广阔，以下是根据这种方法设定的三种不同情景。

（一）情景一：黄金时代 2.0[①]

未来十年，中亚所有国家都将经历政治精英阶层的更替。在中亚各国，受过良好教育的进步改革者和具有国家思想的技治主义者将逐渐掌权，他们十分关心自己国家的发展。

新一代中亚国家领导人很清楚区域内协作的必然性，他们看到了社会经济发展与邻国合作之间存在的直接关系。我们所讲的不是一体化，而是在平衡区域利益和国家利益基础上开展的更紧密的合作。因此，该区域各国正力求重新审视并加强区域一致性、

[①] Starr S. Frederick., Lost Enlightenment: Central Asia's Golden Age from the Arab Conquest to Tamerlane. Princeton University Press, 2015. p680. 根据该书的观点，中亚的"黄金时代"是公元 800 至 1200 年。当时中亚地区的经济贸易十分发达。凭借发达的城市规模、细腻雅致的艺术，尤其是在各个领域掌握的丰富知识，中亚地区都要领先于世界。当时，中亚在天文、数学、地质、医学、化学、音乐、社会科学、哲学和神学方面取得了辉煌的成就。中亚数学家为代数学命名，精确计算出了地球的直径。中亚医学家的著作推动了之后欧洲医学的发展。中亚的作家创造了世界上最伟大的诗歌作品。历史上，总有一些名垂史册的饱学之士在同一时间和同一地点出现。中亚学者的著作影响了自托马斯·阿奎那时代一直到科学革命以来的欧洲文化，并对印度和亚洲大部分地区产生了同样深远的影响。这不足为奇。

政治对话和共同发展。

新一代的政治、商业和知识精英共同致力于全中亚范围内的经济多元化。通过务实的劳动分工，并挖掘每个国家的潜力，中亚正在逐渐摆脱原料型经济发展的模式。①

经济的成功和社会的稳定，将取决于新一代精英阶层解决就业问题的能力（人口不断增长带来的就业难题）和保持地区内人口潜力的能力（而不是像今天这样将其出口到国外劳动力市场）。

交通物流基础设施可能成为最有前景的发展领域。交通物流的发展，需要中亚各国之间进行建设性对话，从而消除障碍，提高互通，加强合作。

新贸易路线的出现，新经贸联盟的建立以及货物、资本和人员的不断增加，这些因素将有助于欧亚大陆成为一个全新的高效整体。在中亚国家的共同努力下，该地区参与了大规模陆上运输走廊的建设，建立了一个服务于整个欧亚贸易的强大物流枢纽。

经济的增长提高了各国的稳定性和可持续性。这有助于中亚国家平衡与俄罗斯的关系，重新审视欧亚经济联盟的发展模式，并在集体安全条约组织中平衡本地区军事安全的比重。

正在崛起的中亚对于中国来说将成为"欧亚门户"。中国正

---

① 中亚的原料型发展模式是由当时的苏联领导层强加制定的。当时的苏联领导层并没有为该地区提供其他的发展路线（中亚当时主要发展初级加工业，建设相应的配套基础设施，并向苏联工业中心出口自然资源）。

迅速迈入全球经济发展的第一梯队。长期以来，欧盟一直在寻找自己在中亚的位置。欧盟的战略和行动最终获得了认同，其在中亚地区的利益形成了一个清晰的轮廓，即快速稳定的成为亚洲最大的市场。

中国经济的蓬勃发展，吸引了各邻国的注意力，特别是博得了中亚的关注。中亚是中国实施"一带一路"倡议的关键要素。中亚国家依靠发达的交通基础设施，逐渐进入到丝绸之路的下一阶段，即将生产链发展方向转移到西方这个大型消费市场。

收入的增长和经济的稳定为政治制度的现代化创造了机会。中亚各国积极投资教育事业。经济发展和政治生活的包容性，会影响宗教的文明发展，减少极端化，维护国家的世俗化发展。所有这些都有助于加强中亚各国的内部稳定。

中亚在欧亚大陆上发挥着重要作用。该地区正在用地缘经济取代地缘政治。中亚国家同外部合作伙伴一道共同解决经济合作结构和贸易制度、物流运输、石油和天然气的运输路线等问题。在外部地缘政治力量的参与下，该地区集体安全的体系结构首先应建立在保护经济利益的基础之上。

竞争仍将持续，但不会太明显。各方将努力维持现状，平衡现有的建设性力量，这使得外部政治力量能够维持其在中亚的影响范围，实现他们在该地区的利益，并避免引发冲突和激化矛盾。

表 31　中亚实现黄金 2.0 时代的影响因素及优势

影响因素	优势
中亚的国际地位	地区保持开放态势，并融入世界进程当中；中亚利用自身的地缘经济优势；中亚作为欧亚大陆地理交汇点，是一个天然的大陆枢纽。
地缘政治	地缘政治正在被地缘经济所取代。由于经济的原因，中亚的共同性正在形成。发展国家间的建设性对话和务实合作，使外部政治力量的竞争达到最小化。
经济发展	已找到来自原料领域之外的全新经济增长点；经济实现多元化；中亚各国在平衡潜力、资源和利益的基础上不断发展。
政治制度	有责任的精英阶层上台。他们关注改革和发展，开展区域对话，倚重高效的国家机构和法律的力量。
社会	政治生活的自由化将有助于释放社会中的商业潜能，加强国家的世俗化基础；关注教育。
安全	在中亚各国的集体努力和区域组织的参与下，安全将得到保障；军事技术能力的提高，将加强中亚在上海合作组织和集体安全条约组织中的作用。

（二）情景二：繁荣专制

中亚各国新一代政治和商业精英的上台，并未改变政治制度和公共秩序的状况。面对世界的动态变化和矛盾变化，新领导层总是回避政治现代化，竭力维持现状。

数十年的主权惯性思维，导致中亚各国依旧遵循强大的中央集权模式，政治改革往往带有形式化和非系统性的特点。由于外部环境的制约以及内部稳定受到一系列挑战，该地区每个国家的政治进程各有各的特点。

"经济第一，政治第二"的原则可以为国家发展树立榜样（在每个国家，这个概念可能有不同的意识形态表现，但原则相似）。

原因在于，中亚国家的经济将面临经济发展模式的限制，他们将被迫寻找新的增长方式。中亚国家的新一代统治阶层将主要致力于实现经济现代化和寻找新的国民收入来源。政治稳定将增加投资吸引力，但腐败（维持目前的政治生活，就会继续滋生腐败）将抑制经济发展。

中亚地区想要增加机遇，就要与更发达的外部伙伴开展合作，还要参与建设各种欧亚地缘经济项目（从独联体、欧亚经济联盟到丝绸之路经济带和上海合作组织，再到南亚和东亚市场）。因此，中亚将更加依赖外部伙伴，该地区或可成为毗邻的大型经济体的资源供应点或跨境中转站。

由于努力实现经济现代化，中亚国家正在慢慢摆脱（完全摆脱或部分摆脱）危机，走上经济可持续发展的道路。中亚各国政府机构的工作效率、经济潜能和人口素质依然存在差异，该地区所有国家的社会经济动态将呈现不均衡状态。

与此同时，中亚各国推迟了政治现代化进程，该地区可能会出现意识形态危机。政治上的空白区可以用宗教思想进行弥补，而这种做法会刺激社会上的宗教运动（包括激进运动）。由于内部政治失衡以及政治规划缺乏竞争，政府反对派可以从政治和经济上得势的宗教领域（具有强大的社会基础）入手。

这将对该地区的发展构成严峻的挑战。中亚国家或者必须在与宗教的对话中找到能够妥协的平衡点（承认宗教是政治进程的平等参与者），或者竭力维护世俗化的国家机制。这种局势将把政治现代化的问题迅速提上议程。政治现代化这个问题很可能在下一个历史阶段得到解决。

如果中亚各国只关注各自内部的发展问题，中亚的共同发展就不会有统一的议程。该地区事实上维持着某种离散性。区域内战略联盟是在双边利益（而非区域利益）的基础上形成的。双边利益涉及贸易、水资源的分配和利用、能源、移民、安全等问题。

在中亚，全球政治力量的利益以不同的形式发生汇合和碰撞。未来十年，该地区还将分为政治影响领域、经济影响领域和军事影响领域等三大领域。唯一的区别是，鉴于俄罗斯、中国和美国的角色发生转变，具有不同影响力的政治力量的构成可能会发生变化。外部政治力量对该地区的事务仍保持较高的参与度，他们依旧有着很强的局势把控能力。外部政治力量将竭力扩大自己在本地区的影响范围。

所以，外部强国将有计划地促使中亚国家在对外资源发展、合作项目、有利的运输走廊和贸易制度等方面展开争夺。在这种情况下，该地区各国将为了争夺外部政治力量的支持而重回竞争，因为后者能够确保安全，进行投资，并提供增长机遇。

表32　中亚实现繁荣专制时代的影响因素及优势

影响因素	优势
中亚的国际地位	中亚的新定位是通过与外部伙伴的合作向世界开放。
地缘政治	地缘政治胜过地缘经济；区域内竞争以理性形式展开；国际政治力量的显著影响依然存在。
经济发展	经济现代化，向新的发展模式和收入来源转型；更加依赖与外部伙伴的合作。
政治制度	该地区各国新一届政治精英的惯性思维；政治生活的封闭性；严重腐败的状况将持续存在。
社会	教育的作用将会加强；与此同时，在意识形态可能出现危机的情况下，宗教的作用可能会随着人民提高宗教信仰程度而得到加强。
安全	经济增长将有助于政治稳定；安全将转向区域集体机制。

（三）情景三：新中世纪？

中亚正处于战略的十字路口，各国政治和经济发展的道路最终将分道扬镳。各国发展水平的差距正在扩大，并且情况会越来越清晰。地理位置上相邻的国家，在社会和经济发展方面却分属不同的世界（从争夺全球最高联盟中的一席之地，到实际上遭受失败的状态）。

中亚各国的新一代精英阶层，把自己局限于解决本国的内部问题，几乎不去寻求区域内的对话与合作。因此，打造稳定的全区域认同感的可能性微乎其微。中亚各国政治生活的变化差异很大，政治和商业精英的改革并非在所有国家都产生了积极影响。

中亚某些国家为了走出不确定区域，正试图进行精准的政府管理改革。其他国家的领导层则消极遵循早期主权阶段所形成的政治发展传统。在国际局势动荡的背景下，该地区许多国家的政治生活依然很保守。

在中亚各国的经济中，当前发展模式的危机将达到顶峰。并非所有国家都找到了能够完全替代自然资源的新经济来源，而经济多元化进程也执行不力。原料商品市场的价格下跌，将对中亚各国的稳定带来新的挑战。尚未找到新的经济增长来源这一事实，将导致该地区各国的国家形势日益恶化，地区分裂的趋势也必将呈现。

中亚各国发展的差异将继续扩大。经济发展、居民收入、国民教育、国家管理效率以及该区域各国的稳定等方面的参数会进一步拉大差距。该地区许多国家仍然是邻国劳工移民的来源国（根据国际移民组织的预测，未来十年中亚地区青壮年劳动力的数量将再增加一千万人，这将需要大量就业岗位）。在此背景下，该地区的社会经济发展水平形成了一个复杂的等级。

中亚地区"人人为己"的观念占主导地位。中亚的分离正在加剧，国家间的合作形式仅是开展不定期的交流，或者虽然在区域组织框架内开展了对话，却只是记录些文字，各方无须承担任何责任。全区域的认同感和对邻国的关注日益受到侵蚀，中亚各国正渐渐相互分离，并逐步封闭于本国内部问题和各自利益当中。总的来说，中亚地区仍然是较大经济体的附庸。

中亚事实上正逐渐瓦解为一个个单独的个体，它仅仅是某个特定的地理符号。在此背景下，中亚各国在文明发展和地缘政治方向上的分歧正在不断扩大。

中亚地区的一部分国家将自己视为欧亚国家，而另一部分则始终以伊斯兰世界为最终归宿。在这种情况下，该地区某些国家可能会遭遇两大风险：失去世俗化的发展方针，宗教的非正式作用得到强化。中亚地区是滋生宗教狂热主义和潜在的激进主义的根源，而且这种危险系数正在增加。这一事实将影响国际社会对该地区的关注程度。

在中亚的稳定和发展过程中（类似于1990—2000年），外部因素的作用将再次突显。外部地缘政治力量的影响正在加大，它们会从自身利益出发影响该地区的局势。而这种局面有些类似于中世纪的附庸模式，附属国的生命力取决于那些拥有影响力、权力和资源的宗主国。

中亚的安全和军事合作问题将重新跃居首位，这将影响该地区国家各个领域的政治化进程。阿富汗局势动荡、宗教极端主义趋势上升（伴随着巨大的社会经济问题和人口问题）以及部族间的政治冲突，这些因素可能导致中亚地区会出现中世纪时期的冲突局面。

由于区域协调不力和对话不足，强大的外部影响将导致该地区的冲突加剧。在种种因素的作用下，中亚地区合理的战略力量将失去平衡，地区局势将取决于地缘政治力量的战略利益和关系性质。根据这一点，中亚将面临政治上的不确定局面。而在外部势力的影响下，地区局势往往会发生巨变。

表33 中亚实现新中世纪时代的影响因素及优势

影响因素	优势
中亚的国际地位	发展水平的差距越来越明显；地理上的邻国，在经济发展水平方面分属不同的世界；地区的分离性增强；形成全区域同一性的可能性微乎其微。
地缘政治	地缘政治主导地缘经济：区域内对话陷入僵局，国家间的对抗愈演愈烈，外部势力的影响程度正在加深。
经济发展	该地区各国经济多元化的情况各不相同；由于经济发展水平的差异，该地区各国之间的差距越来越大；该地区仍然是较大经济体的资源附庸国。

（续表）

影响因素	优势
政治制度	政治发展水平之间的差距持续扩大；政治现代化与政治保守化的对立；在民族主义和其他价值观的基础上，继续寻找"自己独特的"政治发展道路。
社会	该区域各国社会结构的变化；反对人口边缘化的教育；国家建立的世俗基础遭到侵蚀；宗教在社会中的作用得到加强。
安全	安全、军事技术合作等问题将跃居首位；该区域各国对外部力量的依赖性正在增加。

二、情景比较分析

新中世纪？　　　　繁荣专制　　　　黄金时代2.0

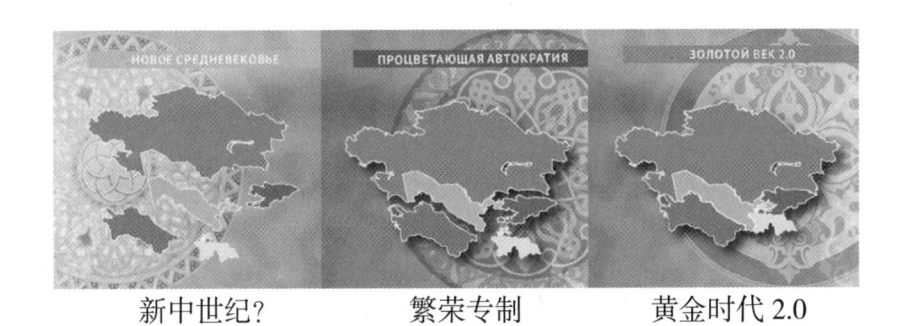

图9　三种区域发展情景示意图

表34 三种情景比较分析

方案摘要	方案摘要	方案摘要
新中世纪？	繁荣专制	黄金时代2.0
并非所有国家都会关注经济增长、改革和进步。政治生活领域将会保守化。中亚地区各国之间政治和经济发展的差距越来越大，这会加剧整个地区的分裂。而依照中世纪模式（竞争、矛盾和冲突），各国必将因为坚定维护本国利益而展开竞争。结果，外部影响在维护该地区稳定和安全方面的作用将会增加。	受国际局势不稳定、发展所遇到的挑战加剧的影响，中亚未来将走上"经济为先，政治次之"的道路，并推迟政治现代化进程。结果，在政治生活保守化（每个国家封闭程度将会不同）的前提下，地区将更加繁荣。该地区的合作缺乏持续性，中亚的战术伙伴关系是在临时项目和短期利益的基础上形成的。	在以下两种情境下，中亚可能迎来"黄金时代"：寻找并实施经济增长新模式；一批志同道合、思想进步的统治集团代表开始主政，他们能够在国家管理和政治制度方面推行改革。该地区将作为一个统一的经济体，作为一个更加稳定、安全的欧亚中心开展务实发展。中亚的合作将建立在共同利益和潜力互补的基础之上。

结论：未来会发生什么？

本研究所提出的情景，只是中亚地区众多可能发展方案中的一种。这些方案并不能保证未来情景一定会像专家预测的那样到来。重要的是另外一点：这些方案在设计上逻辑连贯，作者能够挖掘并分析未来数年中亚地区发展的机遇和挑战。

今天，中亚正处于机遇和挑战的十字路口。多年来，来自各领域的诸多"专家"已经否定了该地区全面崩溃或动荡的可能性。过去26年的发展表明，中亚尽管存在许多问题，但仍具有一定的内部稳定性和极其复杂的平衡性。

中亚各国都有自己的优势和劣势，都可以在不同程度上把握新到来的时期。对于整个地区而言，下一个十年似乎是一个决定性的十年，并将在很大程度上决定该地区未来长期发展的走向。特别是，这一时期可以与中亚各国主权发展的第一个十年进行比较。正是那个时期给中亚国家奠定了基础，使其在之后的26年间建立了国家体制。

下一个十年的事件和趋势，标志着中亚地区的国家体制会过渡到新的发展阶段。中亚国家正在酝酿的改革（进一步加强国家体制，或者相反）的水平，取决于该地区各国是否能够（或适时）把握新机遇，并规避挑战。

该地区所发生的剧变，是漫长的历史周期的自然更替所造成的。根据麦肯锡全球研究院发布的数据显示，世界经济引力的中心曾在几个世纪前穿过中亚地区。关于这一点，美国历史学家S.弗雷德里克·斯塔尔在自己著名的专著中做了详尽的叙述，他称这个历史时期是该地区的"黄金时代"。[1]

麦肯锡研究院分析预测，未来十年世界经济引力的中心预计将再次穿过中亚、俄罗斯和中国。[2] 可以预测，中国"丝绸之路经济带"所带来的日益增长的合作，及该经济带与欧亚经济联盟的预期对接，能够打造新的地缘经济，使中亚地区团结、复兴起来。

中亚区域正成为一个开展国际活动的欧亚中心，是一个真正的中心地带。未来十年，该地区所有的地缘经济新兴项目，将为其长期发展打造一个全新的环境，并能预知新的未知风险和机遇。为了充分挖掘中亚作为一个统一体所展现的发展潜力，必须要找

---

[1] S. Frederick Starr, Lost Enlightenment: Central Asia's Golden Age from the Arab Conquest to Tamerlane. Princeton University Press, 2015. p680.

[2] By Richard Dobbs, Jaana Remes, James Manyika, Charles Roxburgh, Sven Smit and Fabian Schaer: Urban World: Cities and the Rise of the consuming class., 2012, McKinsey Global Institute.（https://www.mckinsey.com/featured-insights/urbanization/urban-world-cities-and-the-rise-of-the-consuming-class）

到应对来自经济和安全领域的诸多挑战的方案。

因此,中亚这些年所发生的一系列事件表明,该地区在21世纪将要发生根本性转变,其内容和范围都十分罕见。我们完全支持上述论断。而当下对于我们而言重要的一点是,尝试去探究即将发生的变化的本质(变化是漫长的,会超越十年期限)。

那么,如果我们注意到中亚地区对世界的"再次开放",及其在国际事务中的全新定位,就会同意下面的评估预测:20世纪的中亚,无法与未来发展的中亚相提并论。[1]

如前所述,中亚将不可避免地受到在国际体系中占据新高位的中国这个近邻的影响。根据众多"智库"对未来10—15年的预测,当前世界第二经济体将超越美国跃居世界第一,并且还将引领世界经济的发展。

根据其他的评估预测,中国将十分接近美国的发展水平。相应的,世界两大主要政治力量之间展开的经济竞争和角逐将愈演愈烈。[2]

---

[1] А. 丹科夫:《百年之后的中亚:"大变革"之后》,俄罗斯国际事务委员会(РСМД),2013年。http://russiancouncil.ru.

[2] Vladislav Gordeev, Американские эксперты составили рейтинг ведущих экономик мира к 2030 году, 2015, RBK,(https://www.rbc.ru/economics/12/04/2015/552ab1559a79475535e356f8).美国将保持其领先地位。据专家称,到2030年,美国的国内生产总值将从2015年的16.8万亿美元增加到22.8万亿美元。中国的国内生产总值将接近美国。预计,中国的国内

这些新的现实情况是中国自身面临的一项重大挑战。在动态变化的影响下，中国的内外环境将迅速发生变化。在追求全球真正政治力量这个全新角色的同时，中国已经吸引了欧亚众多国家的政治利益和经济利益。近年来所发生的一些事件表明，中国正自信地将本国打造成为大型多边会谈和磋商的平台。

对于中亚地区的未来，这一点显然具有重要意义。调查表明，中亚作为一个政治经济实体（市场容量非常有限等），其本身的意义客观而言不是很大。但是，该地区与世界主要经济体接壤，则赋予了其在国际坐标体系中的全新定位。许多国际论坛、会议和研讨会的讨论内容也证实了这一点。

例如，20多年来，国际社会之所以关注中亚，主要是因为他们要去研究俄罗斯（俄是长期主导该地区的大国）。如今，中国是国际社会关注中亚的主要因素。① 因此，中国的复兴丝绸之路倡议，客观上讲是唯一旨在开发中亚跨境（和整体经济）潜力的跨区域项目。

生产总值到2030年将达到22.2万亿美元，印度排名第三（6.6万亿美元），之后是日本（6.4万亿美元）和德国（4.5万亿美元）。

① 相比其他国家，当前俄罗斯联邦对中亚地区的兴趣也没有减弱，但关注点已经发生变化。如果说俄罗斯在中亚地区的影响因子主要投射在安全问题，那么中国的影响因子则投射在大背景下的大陆经济合作。特别是在当前的"一带一路"框架内，高达80%的"东—西"货运量要经过中亚地区。

因此，作者认为，目前中国在中亚地区的频繁活动（活动的方向、强度），未来很长一段时间将直接或间接地决定该地区的许多进程。

此外，要注意到，中国正在加强与欧盟的合作，亚欧大陆之间的经贸往来正在全面增长。离开中亚，这些往来便无从谈起。从这个意义上讲，欧洲离我们越来越近了（因为尽管经过多年的努力，欧盟的运输项目，如TRACECA〔欧洲—高加索—亚洲运输走廊〕却没有带来实实在在的成果）。①

对中亚而言，这一趋势的实际重要性可以做如下解释。中亚

---

① "一带一路"倡议的发展动力不仅来自中国，欧洲同样对此表现出了浓厚兴趣。这完全可以解释为：中国在欧盟的贸易伙伴中排名第二。欧洲各国不仅意识到"一带一路"倡议带来的经济利益，同时也开始思考各自的文明使命（作为国际实体，欧盟长期以来一直都在试图探索文明的使命）。欧洲的情况发生了变化：欧洲人对中国的战略兴趣日益浓厚。欧洲有自己的任务：首先，要与亚洲广阔的市场建立更密切的合作关系。这为欧洲提供了快速接触中国（和亚洲）中产阶级（发展中）的崭新机遇。中国（亚洲）中产阶级的支付能力在不断提高。此外，凭借中国这张额外的"王牌"，欧洲在与美国的谈判中能够有力维护自己的贸易利益。"中国—欧洲"通讯基础设施网络（主要由中国开发）已经达到了欧洲人也可以从中受益的水平。截止到2017年，中欧每年的贸易额达到5000亿欧元，增幅达4.2%，而双边贸易差额仍然是中国顺差。欧洲很清楚地认识到，只有在一个闭合的循环体系中，满载货物的集装箱往来于双方之间，丝绸之路才会产生收益。欧洲（以及中国），正在重新衡量自己在全球经济和政治中的地位。一系列复杂的内部进程（如英国脱欧，以及必须进入可替代市场）都会影响到这一点。

作为一个统一区域，其命运取决于联系的紧密程度，也就是说取决于陆路（而非海上）货物流通的份额。欧亚大陆的西部和东部是世界上两个规模最大的经济体：中国（中国排名第二位，仅次于美国）和欧盟（德国占据第三位，英国位居第五位）。

受中国"一带一路"倡议的影响，倡议沿线的陆地部分多次跨越中亚地区。中亚作为沟通东西方之间的大陆桥梁，终于有机会实现其天然的地缘经济作用（正如两千年前该地区所扮演的国际角色一样）。

中亚在不久的将来需要面对的一个关键问题是，该地区各国如何去看待这种新兴的地缘政治和地缘经济的现实情况，以及中亚各国的政界和商界如何把握（在什么条件下？能否把握好？）这一现实情况。

该地区面临着一项非常艰巨的任务，那就是把握新出现的优势，利用大幅增加的经济合作成长壮大起来，不要沦为把货物从大陆一端运输到另一端的技术走廊。中亚地区未来十年所起的作用，将取决于该地区各国新一代精英阶层的思想、灵活性和商业敏锐度。

与此同时，中亚地区周边的地缘政治环境正在发生变化。一个狭小的地理空间，已经成为一个高度集中的多极化区域，并汇集了众多大国和大型地缘政治力量，如俄罗斯、美国、中国、伊朗、土耳其、印度、日本、韩国等。

中亚的地理环境和政治环境异常复杂，全球政治力量的利益以各种各样的形态相互交织。一方面，这种局面为合作和政治平衡提供了更多的选择和机遇；另一方面，全球政治力量的独特组合方式使这种平衡变得极为复杂。

未来十年，在地缘经济剧烈转型的影响下，俄罗斯在该地区的传统角色可能会发生一些变化。俄罗斯在该地区的影响力仍将存在（特别是在某些领域，例如军事领域）。但在竞争日益激烈的环境下，俄罗斯将不得不重新考量其对待中亚的方式，以应对中亚正呈现出的区域内趋势（与社会文化、人口和政治变化有关）以及欧亚整体局势。

未来俄罗斯在中亚地区的地位（或者俄罗斯对该地区的文明吸引力，如同20世纪一样），在很大程度上将取决于俄罗斯如何重新整合中亚（那时，俄罗斯的政策将与欧亚大陆所发生的自然进程相关联）。目前，作为俄罗斯联邦倡导的一个重要区域项目——欧亚经济联盟——将中亚划分为几个不平等的区块（与其他政治力量的项目不同）。但这一新的联合议程，很可能将在2024年后由新的俄罗斯领导人接管。

俄罗斯同样也面临着新的挑战：中亚年轻人对学习汉语越来越感兴趣。继英语之后，汉语现在牢牢占据了第二位。俄语使用者的人数逐渐减少，因此俄语的地位正在下降。相比俄语，汉语在年轻人当中越来越受欢迎。专家预测，就语言规划而言，中亚可能会遵循"发展汉语,保留俄语,学习英语"的模式。①

美国将继续尝试改变中亚的地理前景,其中会把关注点从前苏联地区转移到南亚和印度。②美国政府的动机很明显,美国将不断力求限制俄罗斯的存在,并依靠印度的潜力来平衡中国在欧亚大陆日益频繁的活动。

不要期待美国对中亚的战略理解会发生重大改变(特别是,通过美军重新回归阿富汗,特朗普原则上已经大致表明了其对中亚的态度。这种态度可能会持续到2025年)。客观而言,该地区很可能会保留目前所扮演的辅助区域的角色,以协助美国实现其在欧亚大陆的地缘政治任务。

至于中亚各国自身所持的立场,专家认为,推行务实的平衡对外政策,将继续主导其地缘政治的战略定位。特别是在国际社

---

① 萨伊多维奇 Я.,李明甫.丝绸之路经济带和欧亚经济联盟对接下的中亚:欧亚研究,2016(2),第62页。

② 阿斯塔纳俱乐部的专家认为,除了中国的"丝绸之路经济带"以外,美国也有自己的中亚交通战略愿景。"新丝绸之路"项目旨在利用南北运输走廊,将该地区与全球市场连接起来。预计,发展中亚与印度之间的公路和铁路运输(该运输线横穿阿富汗和巴基斯坦两国),将有助于稳定该地区局势,并通过印度洋将中亚商品送入世界市场。但是,美国没有给这些项目提供资金支持,国际金融机构也无意投资这些项目。美国的外交策略是有组织地开展中亚工作,其把中亚地区划定为大南亚的一部分,而不是后苏联宏观区域或者俄罗斯的一部分。《欧亚大陆的地理经济学,阿斯塔纳俱乐部的报告》,阿斯塔纳,世界经济与政治研究院,2015年,第32页。

会高度关注中亚的情况下,后者似乎没有其他建设性的可选方案。但能否达到这种平衡,将在很大程度上取决于中亚各国是否能够实现内部的一致性和行动的协调性。

所有这些进程将在内部变化的背景下同时发生。因此,在庆祝独立 25 周年的活动结束之后,该地区所有国家都进入了第二代周期。在中亚国家,整整一代的完全主权国民已经成长起来,他们实际上已与苏联毫无关系。中亚在未来十年将彻底实现去苏联化。

预计该地区各国将不断更新精英阶层。新一代领导者抱有别样的价值观、世界观,具有其他方面的优势,他们进入政治统治集团和商业界,可以显著影响该地区各国的国家发展方向。中亚社会以前意识形态领域的真空地带,将被复杂的(甚至是相互冲突的)道德价值观所弥补。这些道德价值观具有各种民族主义特征、宗教特征和历史心理特征。

全球经济的根本性变化(包括全球化从形态维度向信息维度的转变,原料市场的长期萎靡,新兴的技术浪潮,人作为劳动力的角色转变等),很可能会导致未来十年中亚经济发展模式发生变化(并且很大程度上是不可避免的)。改变国民经济的发展模式,会促使新兴产业的形成和新的经济阶层的出现,而后者具有自己的政治理念和施政纲领。

主权一代即将掌权(在政权的各个层面),他们与苏联的联系最少(后苏联一代虽然出生在苏联时期,但其思想形成于主权时期，而主权一代仅仅通过其父母与苏联时代有些许联系）。这可能意味着，中亚地区各国必须寻找新的联系点。中亚各国之间开展合作，需要建立在完全新式的原则之上。

2016年乌兹别克斯坦领导层发生更迭之后，中亚地区迅速发生了质的变化。这清楚地表明，区域对话出现了新的前景。由于乌兹别克斯坦新上台的领导人迈出了改善与中亚邻国关系的第一步，合作的气氛和形式发生了明显变化，这使得该地区国家能够更好地把握住新机遇。

中亚每年都会不可避免的呈现出去苏联化的现象。再把中亚地区称之为"后苏联地区"，已经没有任何意义了（无论是政治意义、地理意义还是文明意义）。近期，摆在中亚面前的一项艰巨的任务就是，选择或创造一个相应准确的术语，来反映变化中的中亚所具有的某种政治特征和历史特征。此外，该地区开放的地理前景也有重要的意义。中亚国家将不会在独联体空间内故步自封，其将参与广泛的欧亚地缘经济项目。

未来该地区的繁荣取决于地缘经济，而不是地缘政治。这需要务实精神与合作。为了充分发挥中亚作为一个统一的发展区域所展现的潜能，该地区各国未来需要制定方案，来应对经济和安全领域的挑战。

本研究项目的目的只有一个：帮助中亚创造属于自己的未来。未来总会创造新机遇，也会带来新挑战。作者分析了专家的评估结果，研究了情景方案，进而区分出机遇和挑战两个方面。如果中亚国家能够抓住机遇，其发展水平就会上升到一个新的高度。至于挑战，最好的情况是维持中亚现状，最坏的情况是风险可能成为中亚国家退回原点的触发器（退回边缘）。

一、未来的十个可能挑战

（一）区域碎片化

中亚虽是一个统一的政治经济体，但由于各国发展水平的差距不断扩大，以及各国之间出现的竞争、对抗和冲突，中亚将进一步加深分裂。

（二）失衡与竞争

该地区各国为博得外部大国的关注、吸引投资以及争夺运输走廊而展开竞争。结果就是中亚走向衰落，外部影响得到加强，地缘政治平衡遭到破坏，一个或几个大国的势力急剧增强，他们把中亚作为"理清关系"的试验场（俄美关系、美中关系、中印关系等）。

（三）经济衰退

中亚地区经济多元化的程度较弱，该地区国家遵循的是传统的经济发展模式。结果就是，中亚无法把握东西方频繁的经贸往来，跌落到欧亚地缘经济的边缘地带（中亚沦为纯粹的跨境区和过境区）。

（四）内部瓦解

中亚国家当局持续高度腐败，政府在遏制国家体系腐败方面所采取的措施不力，所有的进步发展倡议都被扼杀（人民和国外伙伴的不信任），投资流入减少，该地区的声誉遭到损害。

（五）教育衰落

国家减少对教育的投入，居民识字率下降，人力资本退化。结果就是，国家继续维持将劳动力输出到国外市场的模式，中亚经济体的人才将继续流失（该地区的进步机会将降至最低）。此外，早在苏联时期建造的技术和社会基础设施体系将加速瓦解。

（六）政治保守化

中亚国家维持现状（精英阶层面对世界的变革产生了恐惧），或该地区各国的政治制度出现恶化。结果就是，国家固守古老的部族社会政治结构，发展机遇减少，国家机构运行效率低下，决策缺乏透明度，政治精英阶层氏族化，腐败程度居高不下，国家的运行机制无法代表利益集团，公民活动受到严格监控。

（七）"精神鸦片"

信教国民数量增长（激进思想将会渗透），宗教在国家事务中的作用越来越大，世俗化的发展模式可能会走向衰落。结果就是，中亚国家的社会发展可能会受到阻碍，该地区作为国际恐怖组织极端分子供应地的坏名声将得到加强。

（八）区域的"阿富汗化"

由于中亚各国缺乏政治对话和军事合作，阿富汗动荡的军事局势（阿富汗的国内冲突将向该国北部，直至中亚边境地带转移）将对该区域所有国家构成威胁。中亚将更加依赖外部势力来确保区域安全。

（九）来自南方的挑战

开发中亚南向（穿过阿富汗，直达巴基斯坦和印度）的运输走廊，可能会导致从南方人口密集区向北方迁移的人口数量增多。这样一来，激进宗教组织的思想影响力会得到加强，而中亚各国对此尚未做好准备。

（十）不成熟的一体化进程

目前欧亚经济联盟的发展形式（没有统一的中亚战略和相匹配的俄方政策），将导致中亚地区进一步分裂。（一些国家将加入欧亚经济联盟，而另一些国家则退避三舍。欧亚经济联盟的规则，将限制中亚国家之间的经济合作。）

二、未来的十种可能

（一）主权希望

中亚地区年轻一代精英阶层（其世界观形成于1991年后，与苏联意识形态无关）接受过现代教育，具有全新的价值理念，而且志在改革。他们将管理国家的政治、商业、公共倡议及文化。他们的执政，将成为中亚务实前进的重要推动力。他们也会更准确地诠释区域内合作不可替代的意义。

（二）人力资本

人力资源是未来复兴的关键因素之一。中亚国家对人民的永久性投资（教育、健康、社会、生活水平等），不仅有助于提高人口素养和保护知识阶层，而且有助于人力资源质量的提升。高素质人才可以从事科学、实业、创新，也可以和现代技术打交道（这对发展高科技产业和吸引投资项目有重要的意义）。

（三）增长模式

世界经济正在转型，中亚各国将达到原料型经济发展模式的极限。中亚需要在发展加工制造业（与区域生产链相关）、农业、运输和物流基础设施、绿色能源等产业的过程中，寻找新的收入来源。而实现这个转型目标，要取决于一系列要素，如国家管理水平、政治稳定、务实的对外政策和牢靠的对外经济伙伴关系。

（四）经济为先，政治次之

经济增长与深思熟虑的政治改革同步进行，将有助于提高国家机构的运行效率，扩大开放性来迎接新的发展机遇（政治体制在应对全新的社会经济现实的时候，具备灵活性和适应性），提高社会的可控性参与度，促进各级的持续反腐败。

（五）合理的政教分离

中亚文明复兴和经济增长的机遇在于维持国家体制的世俗化模式；通过把宗教生活纳入纯粹的精神领域，将宗教与国家事务明确分离。政教分离要求中亚各国制定进步的国家意识形态，从而将国民团结起来。

（六）没有地缘政治的地缘经济

中亚必须学习如何有效地利用其独特的地理位置，来开辟新的发展机遇。如果中亚各国能够始终根据共同的经济利益找到与外部大国合作的平衡方案，那么各种项目（欧亚经济联盟、丝绸之路经济带等）将促进而不是阻碍整个地区的和解与繁荣。

（七）欧亚使命

中亚地区未来新一轮的经济增长，建立在中亚认同感的基础之上。通过协调劳动分工、发展交通基础设施（从而摆脱孤立），中亚将转变为欧亚大陆枢纽，跨区域贸易、生产链、资本流动、新兴市场共同准入等环节也将得到保障。

（八）复兴的连通性

作为一个统一的整体，中亚各国未来将共同努力，定期展开政治对话（各级官员定期会晤，完善条约法律框架，打造新的区域平台），进行贸易往来、经济合作和文化交流，发展区域内互联互通。

（九）重要的邻国关系

中亚国家需要学习如何与正在崛起的中国开展合作。中国的实力在不断增强，正朝着新的增长层面迈进。中国将（通过"一带一路"）不断改变欧亚大陆和整个国际体系的格局。中国的挑战是风险还是机遇，将取决于中亚各国所推行的"经济第一"这种前景政策的水平和质量。

（十）集体安全

中亚安全在于开展政治对话（把该地区所面临的威胁视为共同问题，制定统一战略）、进行联合防御，并把各国的军事技术潜能有机结合到一起（中亚国家无法单独应对跨国威胁）。理性的合作方式将提高区域组织（如集体安全条约组织和上海合作组织）的运行效率。

致谢

此份研究报告是集体努力的果实。作者通过知识集成法，对所收集的数据进行了分析。研究得出的结论并不是哈萨克斯坦专家的一家之言。该项模拟预测，是哈萨克斯坦、吉尔吉斯斯坦、塔吉克斯坦、土库曼斯坦、乌兹别克斯坦等所有中亚五国专家的智慧结晶。

我们的访谈对象不仅有分析师、学者和学术界代表，还有国家公务人员、企业代表和社会活动家。这种研究方法有助于我们延伸对区域进程的认知，并形成对中亚未来整体和客观的看法。

本研究项目的作者对所有参与访谈，并为该项目的实施作出重大贡献的各界同仁表示诚挚的谢意，其中有 Абакирову А., Абиджанову А., Абралиеву К., Айсаутову Т., Айтжановой А., Акелееву А., Амангельдиной А., Аминжонову Ф., Амиржановой М., Амребаеву А., Арынову Ж., Асминкину Я., Ахметовой Л., Аязбекову А., Багдатову Е., Базарову А., Бактыгулову Ш., Балтабай А., Бекмурадовой М., Бердакову Д., Бисенбаеву А.,

Бурнашеву Р., Губайдуллиной М., Гусаровой А., Далдабаевой А., Джанибекову Н., Джураеву Ш., Жайлину Д., Жолдасову А., Жумалы Р., Жунушову Б., Ибрагимову М., Ибрагимовой Г., Ибраимову Т., Избайирову А., Илеуовой Г., Ирназарову Ф., Каиповой Б., Капарову К., Каражанову З., Каратаевой Л., Карманову К., Карсакову И., Кожировой С., Колаковой Г., Косназарову Д., Косыбаеву Г., Кулахметовой А., Лазариди Н., Лаумулину Ч., Лепсибаеву Ч., Майгельдинову К., Мамадазимову А., Маргуланулы А., Мармонтовой Т., Махмудову А., Махмудову О., Мелдеханову Н., Мередовой М., Мироненко М., Мирсаидову Х., Мовкебаевой Г., Морозову А., Мун Л., Мураталиевой М., Мурзагалиевой А., Нажмудинову Б., Назарову Р., Ничараповой Ж., Ногойбаевой Э., Нурдаулету Д., Нурматовой О., Нурсеитову А., Нурушевой Д., Нурше А., Олжаеву М., Олимову М., Омарову А., Орлову Д., Отыншиеву А., Парамонову В., Полетаеву Э., Раджаббоеву М., Рахимжановой А., Рахимову К., Рахматуллаеву А., Сандыбаеву А., Сарабекову Ж., Сейдахметовой Б., Сейтхалиулы А., Собирзоде Р., Сулеймен М., Султанову Т., Сыроежкину К., Тимофеенко Л., Токтомушеву К., Толипову Ф., Тураровой Д., Уразову Н., Умаров А., Урмантаеву Н., Устименко А., Шаиковой А., Шамишеву Е., Шибутову М., Эргашеву Б. 还有

来自中亚各国的 46 名专家匿名参与了此次调研。

作者还特别感谢哈萨克斯坦共和国第一总统基金会 Елбасы 下属的世界经济与政治研究所所长 Е. 萨尔特巴耶夫[1]。萨尔特巴耶夫所长在研究中亚现代进程领域有着杰出的贡献，他的研究成果被我们应用到了研究报告中。

本研究报告的作者还要向以下同仁和机构表示特别感谢，他们回答了专家访谈的问题，并在实施该项目时从整体上提出了宝贵的建议。他们是：П. 捷申多尔夫，З. 舒托娃和阿斯塔纳弗里德里希·艾伯特基金会办事处；《抉择》当代研究中心主任 А. 切博塔廖夫[2]，阿斯塔纳中国研究中心分析小组[3]；以及来自 CAMCA 区域网的参与者们（CAMCA 指中亚、蒙古、高加索、阿富汗，他们是约翰霍普金斯大学项目和拉姆斯菲尔德基金会的结业生〔美国〕）。

---

[1] 哈萨克斯坦共和国第一总统基金会 Елбасы 下属的世界经济与政治研究所，www.iwep.kz.
[2] 《抉择》当代研究中心，www.alternativakz.com.
[3] 中国研究中心，www.chinastudies.kz.

参考文献

1. Ivan Safranchuk, Jeffrey Mankoff, Olga Oliker: A Global or Regional Future for Central Asia, 2015, CSIS（https://www.csis.org/events/global-or-regional-future-central-asia）.

2. Arypov, Eldor: Uzbekistan Works to Reshape Central Asia, 2017, The Central AsiaCaucasus Analyst,（www.cacianalyst.org）.

3. Bossuyt, Fabienne: The European Union's Political and Security Engagement with Central Asia: How to Move Forward, 2017, The Central Asia-Caucasus Analyst,（www.cacianalyst.org）.

4. Ed by Laruelle, Marlene, Kourmanova and Aitolkyn: Central Asia at 25: Looking Back, Moving Forward., 2017, GWU,（http://centralasiaprogram.org）.

5. Central Asia Is a Critical Crossroads.-Atlantic Council, 2017. -（www.atlanticcouncil.org）.

6. Editors: Rajat M. Nag, Johannes F. Linn, Harinder S. Kohli, Astana, National Analytical Center, Central Asia 2050：Unleashing the

Region's Potential.,New Delhi,Published by SAGE Publications India, 2016.

7. Andrew Korybko: Central Asia: greater Eurasia scenarios, 2016, Geopolitica, (https://www.geopolitica.ru/en/article/central-asia-greater-eurasia-scenarios) .

8. Andrew Scobell, Ely Ratner, Michael Beckley: China's Strategy Toward South and Central Asia, 2014, RAND, (https://www.rand.org/pubs/research_reports/RR525.html) .

9. World Scenario Series: China and the World: Scenarios to 2025, 2006, World Economic Forum, (https://www.weforum.org/reports/china-and-world-scenarios-2025) .

10. Denoon, David B. H, China, The United States, and the Future of Central Asia: U.S.-China Relations, NYU Press, 2015.

11. Decade Forecast: 2015—2025, 2015, STRATFOR, (www.stratfor.com)

12. Florick D, China's Role in Central Asia. Issues & Insights, CSIS, 2017.

13. Fukuyama, Francis. Exporting the Chinese Model. www.project-syndicate.org

14. National Intelligence Council: Global Trends 2030: Alternative Worlds, 2012, ODNI, (www.dni.gov) .

15. Imanaliev, Muratbek: China and Central Asia: post-Soviet developments, 2017,Valdai Club, (http://valdaiclub.com).

16. Ed. by Laruelle, Marlene: Kazakhstan: Nation-Branding, Economic Trials, and Cultural Change, 2017, GWU, IERES. (http://centralasiaprogram.org)

17. Kazantsev, Andrei. Five Scenarios for the Future Borders of Central Asia. Russian International Affairs Council, 2013. http://russiancouncil.ru

18. Koetti J.: Which countries face the biggest policy challenges of aging populations in Europe and Central Asia, 2016, Brookings Institute. (www.brookings.edu)

19. Krumm, Reinhard, Central Asia The Struggle for Power, Energy and Human Rights. Berlin,Friedrich-Ebert-Stiftung, 2007.

20. Kuchins A, Mankoff J, Central Asia in a Reconnecting Eurasia, CSIS, 2015.

21. Ed. by Laruelle, Marlene, Kyrgyzstan: Political Pluralism and Economic Challenges, 2017, GWU, IERES. (http://centralasiaprogram.org)

22. Mankoff J, The United States and Central Asia after 2014, CSIS, 2013.

23. Regional Field Assessment in Central Asia 2016, Migrant

Vulnerabilities and Integration Needs in Central Asia: Root Causes, Social and Economic Impact of Return Migration, Astana, IOM, 2016.

24. Ed. by Laruelle, Marlene: New Voices from Central Asia: Political, Economic, and Societal Challenges and Opportunities (Volume 1), 2017, GWU, IERES. (http://centralasiaprogram.org)

25. Radnitz, Scott. "Post-Succession Scenarios in Central Asia", PONARS Eurasia ,Policy Memo No. 373, 2015.

26. Safranchuk I: Afghanistan and Its Central Asian Neighbors. Toward Diving Insecurity, CSIS, 2017.

27. Starr, Frederick., Kazakhstan 2041: the Next Twenty-Five Years, Stockholm, Institute for Security and Development Policy, 2016.

28. Starr, Frederick, Lost Enlightenment: Central Asia's Golden Age from the Arab Conquest to Tamerlane, Princeton University Press, 2015, p680.

29. World Scenario Series: Scenarios for the South Caucasus and Central Asia, 2014,World Economic Forum. (https://www.weforum.org/reports/scenarios-south-caucasus-and-central-asia)

30. Ed. by Laruelle, Marlene: Tajikistan: Islam, Migration, and Changes, 2017 GWU, IERES. (http://centralasiaprogram.org)

31. Washington: IBRD, The World Bank: The Impact of China on Europe and Central Asia, 2016, The World Bank. (https://www.

worldbank.org/en/region/eca/publication/europe-and-central-asia-economic-update-april-2016）

32. The Transport Sector in Central Asia. OSCE: Central Asia Data Gathering and Analysis Team, 2012. www.osce-academy.net.

33. Ed. by Laruelle, Marlene: Turkmenistan: Changes and Stability under Berdimuhamedow, 2017, GWU, IERES.（http://centralasiaprogram.org）

34. By Richard Dobbs, Jaana Remes, James Manyika, Charles Roxburgh, Sven Smit and Fabian Schaer: Urban World: Cities and the Rise of the consuming class, 2012, McKinsey Global Institute.（https://www.mckinsey.com/featured-insights/urbanization/urban-world-cities-and-the-rise-of-the-consuming-class）

35. Ed. by Laruelle, Marlene: Uzbekistan: Political Order, Societal Changes, and Cultural Transformations., 2017, GWU, IERES.（http://centralasiaprogram.org）

36. Wright, G., Cairns, G. , Scenario Thinking. Practical Approaches to the Future. , London, Palgrave Macmillan UK,2011.

37. Берроуз М. Будущее: рассекречено. Каким будет мир в 2030 году. – М.: Манн, Иванов и Фербер, 2015. 352 с.

38. Бордачев Т., Смолл Э., Ван Цинсун. Россия, Китай и США в Центральной Азии: баланс интересов и возможности

сотрудничества. – М.: Валдай, 2016. 18 с.

39. Габдуллин Э. Центральная Азия: геополитика, безопасность, сценарии развития: Центральная Азия и Кавказ. 2011. №1. https://ca-c.org.

40. Глобальные тенденции 2030: Альтернативные миры. Национальный совет по разведке США. 2012. www.dni.gov.

41. Глобальная система на переломе: пути к новой нормальности: Мировая экономика и международные отношения, № 8, Том 60, Август 2016.

42. Картирование неурегулированной миграции в Центральной Азии 2014. Астана: Международная организация по миграции, 2015. 164 стр.

43. Геоэкономика Евразии. Доклад Астанинского клуба. Астана: ИМЭП, 2015. 32 с.

44. Данков А. Центральная Азия через 100 лет: после Большой трансформации. РСМД, 2013. http://russiancouncil.ru.

45. Данков А. Крупные города в Центральной Азии: между демографией и политикой. РСМД, 2015. http://russiancouncil.ru.

46. Евразия на перепутье: будущее мегаконтинента в глобальном мире. Астана: Astanaclub, 2016.

47. Кабул О., Беркимбаева А., Ахметова Б., Беркенова Б.

Современные политические ориентации молодежи Таджикистана, Узбекистана и Казахстана: Центральная Азия и Кавказ. 2017. №2. www.ca-c.org.

48. Лаумулин М. Центральная Азия: основные подходы в современной политической науке: Центральная Азия и Кавказ. 2012. №2. www.ca-c.org.

49. Перспективы мировой экономики: Европа и Центральная Азия. Всемирный банк, 2017. www.vsemirnyjbank.org

50. Попов Д. Центральная Азия во внешней политике США 1991-2016. – М.: РИСИ, 2016. 268 с.

51. Притчин С. Центральная Азия и глобальный международный контекст. М.: Валдай, 2017. http://ru.valdaiclub.com.

52. Процессы регионализации в Центральной Азии: проблемы и противоречия. Научный доклад. Дадабаева З.А., Кузьмина Е.М. М.: Институт экономики РАН, 2014. 55 с.

53. Пять государств и/или один регион? Национально-региональный дуализм в Центральной Азии. Алматы: Friedrich-Ebert-Stiftung, 2015. www.fescentralasia.org.

54. Румер Ю., Сокольски Р., Стронски П. Политика США в Центральной Азии 3.0. http://carnegie.ru.

55. Саидович Я., Ли Минфу. Центральная Азия в условиях сопряжения Экономического пояса Шелкового пути и Евразийского экономического союза: Евразийские исследования. 2016. №2. С. 59-70.

56. Сценарный прогноз развития ситуации в Центральной Азии после вывода коалиционных войск из Афганистана 2014-2024 гг. РСМД, 2013. http://russiancouncil.ru.

57. Трудовая миграция, денежные переводы и человеческое развитие в странах Центральной Азии. – М.: Евразийский банк развития, 2015. 80 с.

58. Тянь Гуан Р. Синьцзян-Уйгурский автономный район Китая и его роль в системе экономического сотрудничества Большой Центральной Азии: Центральная Азия и Кавказ. 2009. №1. www.ca-c.org.

59. Урбанизация в Центральной Азии: вызовы, проблемы и перспективы. Ташкент: Центр экономических исследований, 2013.

60. Центральная Азия - 2020: четыре стратегических концепта. Астана: КИСИ, 2015. 54 с.

61. Центральноазиатское LEGO: кто конструирует регион? Под редакцией С. Кушкумбаева. Алматы: Friedrich-Ebert-Stiftung, 2016. 44 с.

62. Центральная Азия в условиях глобальной трансформации: Материалы XV ежегодной конференции КИСИ при Президенте РК по безопасности (г. Астана, 2 июня 2017 г.) / Под общ. ред. З.К. Шаукеновой. Астана: КИСИ при Президенте РК, 2017. 168 с.

63. Центральная Азия-2020: взгляд изнутри. Алматы: Интеллектуальный клуб Алатау, ОФ ЦСПИ Стратегия, 2012.

64. Центральная Азия: пространство шелковой демократии. Политические партии. Под редакцией Т. Ибраимова. Алматы, 2016. 30 с.

专家访谈调查问卷

尊敬的专家！哈萨克斯坦共和国首任总统（国家领导人）图书馆分析中心（纳扎尔巴耶夫中心）就中亚国家未来十年发展的主要因素、重大趋势以及可能性前景开展专家问卷调查。

我们的中亚地区正在步入一个新的变革阶段，我们的任务是分析可能出现的变化。这将是预测中亚未来可能出现的情景的首次前瞻性研究。所有意见和愿景预测均来自中亚专家。

请您参与本项研究，并回答本调查问卷中的问题。我们保证您的问卷内容完全保密。您对这些问题的看法对于我们而言非常重要。

根据您的意愿，我们将在出版的研究报告中，把所有参与专家的名字单独列在"致谢"部分。该研究报告将被翻译成中亚国家的语言，以及英语、德语、汉语和其他语言。

一、国家模块的问题

（一）您对您所在国家的未来十年有何期许？（请勾选一个答案）

1. 乐观

2. 悲观

3. 不确定（"倾向随意"）

（二）请指出最能决定您对贵国未来发展的态度的三个主要因素：

1. _____

2. _____

3. _____

（三）在您看来，贵国未来中期的主要发展趋势将有哪些特点？（请勾选一个答案）

1. 政治经济制度的持续自由化

2. 在保持政治制度现状的同时，经济实现持续自由化

3. 在加强政治体制中专制主义倾向的情况下，经济实现持续自由化

4. 最大限度地维持政治制度和国民经济的封闭性

5. 强化政治制度和国民经济中的专制倾向

6. 政治制度和国民经济中的不稳定进程加剧

7. 其他（您自己的答案）：_____

_____

（四）在您看来，下列哪些描述更加符合贵国未来十年的状况？（请勾选一个答案）

1. 政治制度和经济增长的最大民主化

2. 在政治制度最低限度民主化的情况下，保持经济快速增长

3. 在保持政治制度现状的同时，保持经济快速增长

4. 在强化政治制度专制倾向的情况下，保持经济快速增长

5. 在政治制度最大民主化的同时，保持经济最低限度增长

6. 政治制度的最低民主化；经济增长

7. 在保持政治制度现状的同时，保持经济最低限度增长

8. 在强化政治制度专制倾向的情况下，保持经济最低限度增长

9. 政治制度和国民经济中没有重大变化

10. 在政治制度实现某种程度的民主化的同时，经济出现衰退

11. 在保持政治制度现状的同时，经济出现衰退

12. 在强化政治制度专制倾向的情况下，经济出现衰退

13. 政治制度和国民经济不稳定

14. 其他（您自己的答案）：_____

_____

（五）请根据下面所列的要素，对贵国可能出现的发展情形按照从1（最低分数）至5（最高分数）的标准进行评分（在这种情况下，仅对两种对立情况中的一种进行评分）：

1. 社会政治发展

序号	因素	发展情况 / 评价			
1.	政治制度	独裁制		民主制	
2.	政治稳定程度	不稳定		有力保障	
3.	精英阶层的关系	对抗		协商一致	
4.	国家管理水平	下降		提高	
5.	国家机构的腐败程度	增加		下降	
6.	公民社会的发展水平	国家监管		与国家平等	
7.	民众情绪	抗议		忠诚	
8.	人民的政治参与度	消极被动		积极主动	
9.	种族关系	紧张		和睦	
10	宗教关系	紧张		和睦	

2. 社会经济发展

序号	因素	发展情况 / 评价	
1.	GDP 水平	下降	上升
2.	经济结构	工业创新	原料
3.	经济关系	垄断	竞争
4.	国外投资流入	减少	增加
5.	人民生活水平	下降	提高
6.	社会不平等	加剧	减少
7.	人口就业	大量失业	高就业
8.	教育水平	下降	提高
9.	国内人口流动	增加	减少
10	人口输出	增加	减少

（六）在您看来，未来十年贵国精英阶层内部的代际更替会带来什么？（请勾选不超过三个答案）

1. 国家第一领导人的换届

2. 最高国家权力制度的变化（治理形式）

3. 推行自由的政治经济改革

4. 在保持政治制度现状的同时，经济实现一定的自由化

5. 当代精英和新一代精英阶层之间的对抗

6. 财产再分配

7. 改变国家民族政策，限制国内非本土族裔群体的权利

8. 国家对外政策发生转变，在同其他国家开展合作时保持最大开放程度

9. 国家对外政策发生转变，优先考虑某一外交伙伴

10. 国家对外政策发生转变，与其他国家平等拉开距离

11. 在当前精英阶层的领导下，新一代精英阶层在权力和商业体系中会占据低位

12. 其他（您自己的答案）：_____
_____

（七）您认为，下列哪些国家在未来十年将成为贵国主要的对外伙伴？（请勾选一个答案）

1. 俄罗斯

2. 中国

3. 美国

4. 欧盟

5. 土耳其

6. 伊朗

7. 巴基斯坦

8. 印度

9. 阿联酋

10. 沙特阿拉伯

11. 其他（您自己的答案）：_____

（八）请在邻近的中亚国家中，写出一个您认为贵国在未来十年内将保持密切伙伴关系的国家：_____
_____

二、区域模块的问题

（九）您对中亚地区的未来十年有何期许？（请勾选一个答案）

1. 乐观

2. 悲观

3. 不确定（"倾向随意"）

（十）请指出最能决定您对该地区未来发展的态度的三个主要因素：

1. _____

2. _____

3. _____

（十一）在您看来，未来十年中亚国家之间的关系形态会有多大变化？

1. 建立中亚国家一体化组织

2. 在多边和双边基础上改善合作的性质和形式

3. 中亚各国协调一致，共同解决一些重要的区域问题

4. 维持该地区各国之间关系的现状

5. 该区域各国按照组别（区块）互相划清界限

6. 在第三国的参与下，该区域各国按照组别（区块）互相划清界限

7. 在一些国家持中立立场的情况下，其他国家的关系严重恶化

8. 其他（您自己的答案）：_____
_____

（十二）在您看来，未来十年中亚可能面临哪些风险？（请勾选不超过三个答案）

1. 该区域个别国家之间的武装边界冲突

2. 恐怖主义和极端主义的大规模显现

3. 移民输出不受控制

4. 跨境犯罪率上升

5. 中亚国家被卷入其他国家之间的冲突

6. 该区域个别国家出现分离主义

7. 世界经济的不利（危机）局面导致中亚地区经济下滑

8. 来自其他国家的扩张主义行动

9. 阿富汗武装冲突蔓延到中亚地区

10. 恐怖主义和极端主义从中东"热点"地区转向中亚

11. 社会紧张局势普遍显现

12. 种族间的紧张局势普遍显现

13. 其他（您自己的答案）：_____

_____

（十三）在您看来，未来十年中亚会有哪些发展机遇？请列出这些机遇，并简要说明原因。_____

_____

（十四）请按1（最低分）到5（最高分）的分数标准，评估未来中期以下国家对中亚地区的影响度：

序号	国家	分数
1.	俄罗斯	
2.	中国	
3.	美国	
4.	欧盟	
5.	土耳其	

（续表）

序号	国家	分数
6.	伊朗	
7.	巴基斯坦	
8.	印度	
9.	阿联酋	
10.	沙特阿拉伯	

（十五）请按 1（最低分）到 5（最高分）的分数标准，评估未来中期以下国际组织对中亚地区的影响度：

序号	国际组织	分数
1.	上海合作组织	
2.	集体安全条约组织	
3.	亚洲相互协作与信任建设措施会议	
4.	欧亚经济联盟	
5.	独立国家联合体	
6.	突厥语国家合作委员会	
7.	伊斯兰合作组织	
8.	欧洲安全与合作组织	
9.	北大西洋公约组织	

（十六）在您看来，为开展区域合作，中亚国家应该在中期内采取什么措施？（请勾选不超过三个答案）

1.举行一系列双边和多边谈判，确定主要矛盾和解决这些矛

盾的可能途径

 2. 仿照之前成立的中亚合作组织，创建国家间一体化组织

 3. 建立水能联合会

 4. 推进拯救咸海国际基金会的工作

 5. 磋商有关土库曼斯坦和乌兹别克斯坦两国加入 2011 年 8 月 19 日签署的《关于建立中亚应急减灾中心的协定》的事宜

 6. 就区域安全保障问题建立国家间合作机制

 7. 为相互间的贸易和投资合作创造有利条件

 8. 推动区域各国之间的划界标界进程，解决所有争议问题

 9. 在共同参与各种国际组织的活动时，确保行动上协调一致

 10. 其他（您自己的答案）：_____

感谢您的回答！

БИБЛИОТЕКА ПЕРВОГО ПРЕЗИДЕНТА
РЕСПУБЛИКИ КАЗАХСТАН – ЛИДЕРА НАЦИИ
АНАЛИТИЧЕСКИЙ ЦЕНТР

哈萨克斯坦共和国首任总统图书馆 Елбасы 是根据哈萨克斯坦共和国前总统纳扎尔巴耶夫签署的命令，于 2014 年 3 月 13 日修建的。Елбасы 图书馆用于保障总统的私人图书馆和私人档案馆的运行，并研究哈萨克斯坦国家的形成与发展史，以及在国内外推广总统的思想和倡议。作为首任国家元首的总统中心，Елбасы 图书馆致力于为国家领导人提供政策上的智囊支持。图书馆分析中心旨在从国家制定的到 2050 年长期发展战略的角度，来研究全球化进程。在哈萨克斯坦国家利益的框架内，该中心具有检索分析功能，可以提供切实可行的建议，以解决当前存在的实际问题。中心以国外主流的"思想工厂"形式发展运作，采用先进的研究方法，提供公正的鉴定结果并制定实用的政策方略。借助纳扎尔巴耶夫中心，Елбасы 图书馆创建了举办国际活动和全球论坛的专业平台，主要用于研究哈萨克斯坦的发展问题以及当下的全球性问题。

FRIEDRICH EBERT STIFTUNG

　　弗里德里希·艾伯特基金会创立于1925年，是德国历史最悠久的政治基金会，拥有广泛的社会民主传统。基金会是依照德国首位民选总统弗里德里希·艾伯特留下的政治遗嘱创建的，因此，基金会以其名字命名。弗里德里希·艾伯特基金会的工作重心是推动发展基础性的社会民主理念和价值观，即自由、正义、团结。基金会与社会民主党和自由工会组织合作密切。基金会对经济、社会和教育领域的主要政策性问题，以及民主体制进一步发展的重要方向进行战略研究。艾伯特基金会会邀请学者和在任的从政者参与中心的研究工作，并创造条件广泛讨论与欧洲以及全球稳定的社会经济秩序相关的问题。基金会总部位于波恩和柏林，其中在德国设有6个教育中心、12个地方和区域办事处；在波恩设有私立图书馆。图书馆收集了超过65万册图书，其中包括世界上最大的欧洲劳工运动历史资料集。除德国以外，基金会目前设立了100余个境外代办处。

中国研究中心是一个现代化的"智库"中心，是中国和哈萨克斯坦两国政府、企业界、专家学术界和高等学府之间开展合作的对话平台。该中心是系统研究和预测中国发展状况的专业分析中心。中国作为哈萨克斯坦东部最大的邻国，其作用无论在全球，还是在紧邻的周边区域，都始终发生着质的变化。研究中心汇集了来自哈萨克斯坦、中国和中亚各国学界的数十位顶尖专家，针对中国发展的各层面问题进行分析和研究。中心致力于探索能够推动哈萨克斯坦有效利用周边的地缘经济形势，从而谋求自身发展的途径。中心会公开其研究工作，借助任何可行的现代化通信手段传播其研究成果。中国研究中心不制造社会舆论，其研究方向是提供客观的信息，让任何读者群能够在此基础上就中国和哈中关系形成自己的见解。